古代歷史文化研究輯刊

三十編

王明蓀 主編

第7冊

清代禁戲圖存（上）

李德生 著

國家圖書館出版品預行編目資料

清代禁戲圖存（上）／李德生 著 -- 初版 -- 新北市：花木蘭
文化事業有限公司，2023〔民 112〕
目 22+216 面；19×26 公分
（古代歷史文化研究輯刊 三十編；第 7 冊）
ISBN 978-626-344-412-6（精裝）

1.CST：清代戲曲 2.CST：圖錄 3.CST：版畫

618   112010435

ISBN-978-626-344-412-6

古代歷史文化研究輯刊
三十編 第七冊   ISBN：978-626-344-412-6

清代禁戲圖存（上）

作　　者　李德生
主　　編　王明蓀
總 編 輯　杜潔祥
副總編輯　楊嘉樂
編輯主任　許郁翎
編　　輯　張雅淋、潘玟靜　美術編輯　陳逸婷
出　　版　花木蘭文化事業有限公司
發 行 人　高小娟
聯絡地址　235 新北市中和區中安街七二號十三樓
　　　　　電話：02-2923-1455／傳真：02-2923-1452
網　　址　http://www.huamulan.tw 信箱 service@huamulans.com
印　　刷　普羅文化出版廣告事業
初　　版　2023 年 9 月
定　　價　三十編 15 冊（精裝）新台幣 42,000 元　　版權所有・請勿翻印

清代禁戲圖存（上）

李德生　著

作者簡介

李德生（1945～），原籍北京，旅居加拿大，係加拿大文化更新研究中心研究員，致力於東方民俗文化和中國戲劇之研究。有如下著作在國內外出版發行：

《束胸的歷史與禁革》（臺灣花木蘭文化事業有限公司出版 2021 年 3 月）；

《粉戲》（臺灣花木蘭文化事業有限公司出版 2021 年 3 月）；

《血粉戲及劇本十五種》（上中下）（臺灣花木蘭文化事業有限公司出版 2021 年 8 月）；

《禁戲》（上下）（臺灣花木蘭文化事業有限公司出版 2021 年 8 月）；

《炕與炕文化》（臺灣花木蘭文化事業有限公司出版 2021 年 8 月）；

《煙雲畫憶》（臺灣花木蘭文化事業有限公司出版 2021 年 8 月）；

《京劇名票錄》（上下）（臺灣花木蘭文化事業有限公司出版 2021 年 8 月）；

《春色如許》（臺灣花木蘭文化事業有限公司出版 2022 年 3 月）；

《讀圖鑒史》（臺灣花木蘭文化事業有限公司出版 2022 年 3 月）；

《摩登考》（臺灣花木蘭文化事業有限公司出版 2022 年 3 月）；

《圖史鉤沉》（臺灣花木蘭文化事業有限公司出版 2022 年 3 月）；

《旗裝戲》（臺灣花木蘭文化事業有限公司出版 2022 年 8 月）；

《二十四孝興衰史》（臺灣花木蘭文化事業有限公司出版 2022 年 8 月）；

《富連成詳考》（臺灣花木蘭文化事業有限公司出版 2023 年 3 月）；

《丑戲》（臺灣花木蘭文化事業有限公司出版 2023 年 3 月）；

《三百六十行詳考》（上下）（臺灣花木蘭文化事業有限公司出版 2023 年 3 月）。

提　　要

「讀圖如讀史」是近代史學研究方面的一個重要的命題，已引起學術界廣泛重視。近年來，筆者在研究中國戲劇史的同時，刻意蒐集了許多清代官方在戲劇管理中，對所謂有關「禁戲」的明令禁燬，其出版物亦盡行銷毀。如今，在各大圖書館珍本庫中，還能找到的一些相關的書藉、傳奇、曲本、小說、話本、小唱本等。這些出版物上的插圖，還有宮廷內眷們暇時展玩的手繪戲曲畫片、民間的木版年畫和清末域外煙草公司出版的有關戲劇的香煙畫片等，筆者蒐集良多，內容豐富，滿目琳瑯。縱而觀之，實有步月登雲、騰蛟起鳳之歎。在朋友的鼓勵之下，遂產生編撰《清代禁戲圖存》的設想，擬從視覺圖像角度闡述清代「禁戲」的大致面目。同時，通過這些圖畫說明「禁戲」之所以「禁而難止」，「屢禁屢萌」，就是因為這些戲深接地氣，具有鮮活的生命力，方得以廣泛的流傳。

前　圖

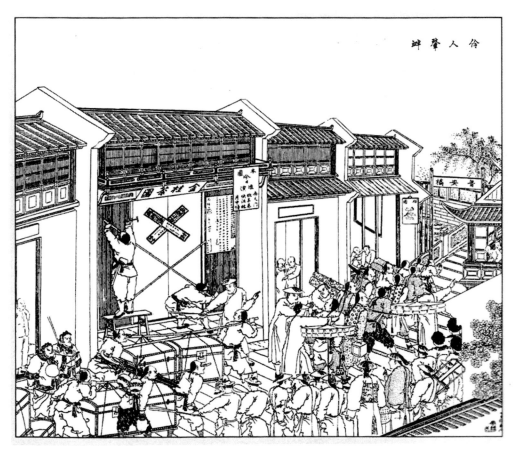

清政府對戲班管理十分嚴格，對擅自搬演「禁戲」的戲班，動則以「伶人肇事罪」予以查處，抓捕班主、主演刑罰問罪，查封戲館。上圖為清代末年《點石齋畫報》刊繪上海丹桂戲園被查封的實況圖景。

清政府對演出「禁戲」戲班的班主、伶人，均以「肇事罪」予在削髮易容，恣意醜化後，押赴鬧市遊街示眾，以警效尤。上圖為清代末年《點石齋畫報》刊繪肇事伶人遊街示眾圖。

目

次

上　冊

前　圖

代前言　寫在前面 ……………………………………… 1

第一部分　清及清前古籍木版插圖 ………………… 9

宣德（1398～1435） ………………………………… 9

　1.《新編校正西廂記》　元末明初刊本 ………… 9

　2.《新編金童玉女嬌紅記》　明宣德金陵樂安
　　　積德堂刊本　　　　10

　3.《新編金童玉女嬌紅記》　明宣德金陵樂安
　　　積德堂刊本 ……………………………………… 11

成化（1464～1487） ………………………………… 12

　4.《新刊說唱包龍圖斷歪烏盆傳》　明成化
　　　年間永順書堂刊本 …………………………… 12

　5.《新刊說唱包龍圖斷歪烏盆傳》　明成化
　　　年間永順書堂刊本 …………………………… 13

弘治（1487～1505） ………………………………… 14

　6.《新刊大字魁本西廂記》　明弘治京師岳家
　　　刊本 …………………………………………… 14

　7.《新刊大字魁本西廂記》　明弘治京師岳家
　　　刊本 …………………………………………… 15

　8.《西廂記》　明弘治刊本 ……………………… 16

9.《西廂記》 明弘治刊本 ……………… 16

10.《呂洞賓三戲牡丹》 明弘治刊《東遊記》本 … 17

嘉靖（1521～1566） ……………… 18

11.《董西廂》 明嘉靖楊慎注刊本 ……………… 18

12.《董西廂》 明嘉靖楊慎注刊本 ……………… 18

隆慶（1566～1572） ……………… 19

13.《西廂記雜錄》 明隆慶蘇州刊本 ……………… 19

14.《金瓶梅》 南明隆慶刊本 ……………… 20

15.《拍案驚奇》 南明隆慶刊本 ……………… 21

16.《拍案驚奇》 南明隆慶刊本 ……………… 22

17.《拍案驚奇》 南明隆慶刊本 ……………… 22

萬曆（1572～1620） ……………… 23

18.《重鍥出像音釋西廂評林大全》 明萬曆
春山堂刻本 ……………… 23

19.《重鍥出像音釋西廂評林大全》 明萬曆
春山堂刻本 ……………… 24

20.《和尚弄尼姑》 明萬曆刊本《新刻增補戲
隊錦曲大全》 ……………… 25

21.《重刻元本題評音釋西廂記》 明萬曆閩建書
林喬山堂刻本 ……………… 26

22.《重刻元本題評音釋西廂記》 明萬曆閩建書
林喬山堂刻本 ……………… 27

23.《重刻元本題評音釋西廂記》 明萬曆閩建書
林喬山堂刻本 ……………… 28

24.《槐陰記》 明萬曆閩建書林刊本《新鍥天下時
尚南北新調堯天樂》 ……………… 29

25.《紅梨花記》 明萬曆閩建書林刊本 ………… 30

26.《紅梨花記》 明萬曆閩建書林刊本 ………… 30

27.《新刻出像音注司馬相如琴心記》 明萬曆
金陵富春堂刊本 ……………… 31

28.《新刻出像音注司馬相如琴心記》 明萬曆
金陵富春堂刊本 ……………… 32

29.《新刻出像音注白蛇記》 明萬曆金陵富春堂
刊本 ……………… 33

30.《新刻出像灌園記》 明萬曆金陵富春堂刊本‥‥ 34

31.《新刻出像音注蘇英皇后鸚鵡記》 明萬曆
　　金陵富春堂刊本 ……………………………… 35

32.《玉玦記》 明萬曆金陵富春堂刊本 …………… 36

33.《紫簫記》 明萬曆金陵富春堂刊本 …………… 37

34.《三桂聯芳記》 明萬曆金陵富春堂刊本 ……… 38

35.《拜月亭記》 明萬曆金陵世德堂刊本 ……… 39

36.《拜月亭記》 明萬曆金陵世德堂刊本 ……… 40

37.《裴度還帶記》 明萬曆金陵世德堂刊本 ……… 41

38.《南西廂記》 明萬曆金陵世德堂刊本 ……… 42

39.《南西廂記》 明萬曆金陵世德堂刊本 ……… 43

40.《易鞋記》 明萬曆金陵世德堂刊本 …………… 44

41.《紅拂記》 明萬曆金陵陳氏繼志齋刊本 ……… 44

42.《玉簪記》 明萬曆金陵陳氏繼志齋刊本 ……… 45

43.《紅葉記》 明萬曆金陵陳氏繼志齋刊本 ……… 45

44.《紅葉記》 明萬曆金陵陳氏繼志齋刊本 ……… 46

45.《題紅記》 明萬曆金陵陳氏繼志齋刊本 ……… 46

46.《題紅記》 明萬曆金陵陳氏繼志齋刊本 ……… 47

47.《北西廂記》 明萬曆金陵陳氏繼志齋刊本 …… 47

48.《北西廂記》 明萬曆金陵陳氏繼志齋刊本 …… 48

49.《北西廂記》 明萬曆金陵文林閣刊本 ………… 48

50.《董解元西廂記》 明萬曆金陵書肆刊本 ……… 49

51.《元本出像西廂記》 明萬曆玩虎軒刊本 ……… 49

52.《元本出像西廂記》 明萬曆玩虎軒刊本 ……… 50

53.《玉簪記》 明萬曆徽州觀化軒刊本 …………… 50

54.《玉簪記》 明萬曆徽州觀化軒刊本 …………… 51

55.《五湖記》 明萬曆汪氏大雅堂刊《大雅堂
　　雜劇》本 ……………………………………… 51

56.《高唐記》 明萬曆汪氏大雅堂刊《大雅堂
　　雜劇》本 ……………………………………… 52

57.《玉玦記》 明萬曆書肆刊本 …………………… 53

58.《京兆記》 明萬曆汪氏大雅堂刻《大雅堂》本
　　…………………………………………………… 54

59.《玉玦記》 明萬曆書肆刻本 …………………… 55

60.《投桃記》 明萬曆汪氏環翠堂刊本 ………… 56

61.《投桃記》 明萬曆汪氏環翠堂刊本 ………… 56

62.《投桃記》 明萬曆汪氏環翠堂刊本 ………… 57

63.《西廂記》 明萬曆汪氏環翠堂刊本 ………… 57

64.《西廂記》 明萬曆汪氏環翠堂刊本 …………… 58

65.《錢大尹智寵謝天香》 明萬曆博古堂刊
《元曲選》本 …………………… 59

66.《調素琴王生寫恨》 明萬曆博古堂刊
《元曲選》本 …………………… 60

67.《杜蕊娘智賞金線池》 明萬曆博古堂刊
《元曲選》本 …………………… 61

68.《淮河渡波浪石尤風》 明萬曆博古堂刊
《元曲選》本 …………………… 62

69.《北西廂記》 明萬曆武林起鳳館刊本 ………… 63

70.《北西廂記》 明萬曆武林起鳳館刊本 ………… 63

71.《北西廂記》 明萬曆武林起鳳館刊本 ………… 64

72.《北西廂記》 明萬曆武林起鳳館刊本 ………… 64

73.《吳騷集》 明萬曆武林張琦刊本 …………… 65

74.《吳騷集》 明萬曆武林張琦刊本 …………… 65

75.《吳騷集》 明萬曆武林張琦刊本 …………… 66

76.《吳騷集》 明萬曆武林張琦刊本 …………… 66

77.《寂寞煞傳處白雁飛》 明萬曆刊本《樂府
先春》 …………………… 67

78.《古本西廂記》 明萬曆香雪居刊本 ………… 68

79.《古本西廂記》 明萬曆香雪居刊本 ………… 69

80.《古本西廂記》 明萬曆香雪居刊本 ………… 69

81.《櫻桃夢》 明萬曆海昌陳氏自刻本 ………… 70

82.《櫻桃夢》 明萬曆海昌陳氏自刻本 ………… 71

83.《麒麟罽》 張四維撰明萬曆海昌陳氏刻本 …… 72

84.《鸚鵡洲》 陳與郊撰明萬曆海昌陳氏刻本 …… 73

85.《鸚鵡洲》 陳與郊撰明萬曆海昌陳氏刻本 …… 74

86.《畫意西廂記》 王德信撰明萬曆書肆刊本 …… 75

87.《畫意西廂記》　王德信撰明萬曆書肆刊本 …… 75

88.《牡丹亭還魂記》　明萬曆七峰草堂刊本 …… 76

89.《西廂記》　明萬曆書肆刊本 ………………… 77

90.《西廂記》　明萬曆書肆刊本 ………………… 77

91.《西廂記》　明萬曆書肆刊本 ………………… 78

92.《繡襦記》　明萬曆師儉堂刊本 ……………… 78

93.《繡襦記》　明萬曆師儉堂刊本 ……………… 79

94.《丹桂記》　明萬曆寶珠堂刊本 ……………… 79

95.《丹桂記》　明萬曆寶珠堂刊本 ……………… 80

96.《西樓記》　明萬曆書肆刊本 ………………… 80

97.《望江亭》　明萬曆顧曲齋刻《古雜劇》本 …… 81

98.《對玉梳》　明萬曆顧曲齋刻《古雜劇》本 …… 82

99.《西廂記》　明萬曆刊本《元朝戲曲葉子》 …… 83

100.《狂鼓吏漁陽三弄》　明萬曆錢塘鍾氏刊本
　　《四聲猿》 ………………………………… 84

101.《女狀元辭凰得鳳》　明萬曆錢塘鍾氏刊本
　　《四聲猿》 ………………………………… 84

102.《崑崙奴雜劇》　明萬曆書肆刊本 ………… 85

103.《紅梨記》　明萬曆范律之校刊本 ………… 86

104.《紅梨記》　明萬曆范律之校刊本 ………… 87

105.《香囊記》　明萬曆刊本 …………………… 88

106.《幽閨記》　明萬曆武林容與堂刊本 ……… 88

107.《幽閨記》　明萬曆武林容與堂刊本 ……… 89

108.《幽閨記》　明萬曆武林容與堂刊本 ……… 89

109.《紅拂記》　明萬曆武林容與堂刊本 ……… 90

110.《紅拂記》　明萬曆武林容與堂刊本 ……… 90

111.《西廂記》　明萬曆武林容與堂刊本 ……… 91

112.《西廂記》　明萬曆武林容與堂刊本 ……… 91

113.《玉簪記》　明萬曆刊本 …………………… 92

114.《玉合記》　明萬曆武林容與堂刊本 ……… 92

115.《玉合記》　明萬曆武林容與堂刊本 ……… 93

116.《玉合記》　明萬曆武林容與堂刊本 ……… 93

117.《牡丹亭記》　明萬曆刊本 ………………… 94

118.《牡丹亭記》　明萬曆刊本　⋯⋯⋯⋯⋯⋯⋯⋯ 94

119.《李丹記》　明萬曆四明大雅堂刊本　⋯⋯⋯⋯ 95

120.《李丹記》　明萬曆四明大雅堂刊本　⋯⋯⋯⋯ 95

121.《李丹記》　明萬曆四明大雅堂刊本　⋯⋯⋯⋯ 96

122.《筆花樓新聲》　明萬曆蘇州刊本　⋯⋯⋯⋯⋯ 97

123.《筆花樓新聲》　明萬曆蘇州刊本　⋯⋯⋯⋯⋯ 98

124.《筆花樓新聲》　明萬曆蘇州刊本　⋯⋯⋯⋯⋯ 99

125.《筆花樓新聲》　明萬曆蘇州刊本　⋯⋯⋯⋯⋯ 100

126.《西樓夢》　明萬曆郭卓然刻本　⋯⋯⋯⋯⋯⋯ 101

127.《梁山伯祝英臺》　明萬曆刊《滿天春》本　⋯ 102

128.《玉谷調簧》　明萬曆書林廷禮梓行刊本　⋯⋯ 103

129.《摘錦奇音》　明萬曆刊本　⋯⋯⋯⋯⋯⋯⋯⋯ 104

130.《白兔計》　明萬曆刊《詞林一枝》本　⋯⋯⋯ 105

131.《海剛鋒先生居官公案》　明萬曆金陵
　　　萬卷樓刊本　⋯⋯⋯⋯⋯⋯⋯⋯⋯⋯⋯⋯⋯ 106

132.《重校玉簪記》　明萬曆金陵陳氏繼志齋
　　　刊本　⋯⋯⋯⋯⋯⋯⋯⋯⋯⋯⋯⋯⋯⋯⋯⋯ 107

133.《黃粱夢境記》　明萬曆金陵陳氏繼志齋
　　　刊本　⋯⋯⋯⋯⋯⋯⋯⋯⋯⋯⋯⋯⋯⋯⋯⋯ 108

134.《芳心蝶亂》　明萬曆金陵陳氏繼志齋刊本　⋯ 109

135.《芳心蝶亂》　明萬曆金陵陳氏繼志齋刊本　⋯ 109

136.《月露音》　明萬曆靜常齋刊本　⋯⋯⋯⋯⋯⋯ 110

137.《月露音》　明萬曆靜常齋刊本　⋯⋯⋯⋯⋯⋯ 111

138.《月露音》　明萬曆靜常齋刊本　⋯⋯⋯⋯⋯⋯ 112

139.《月露音》　明萬曆靜常齋刊本　⋯⋯⋯⋯⋯⋯ 112

140.《筆花樓》　明萬曆蘇州刊本　⋯⋯⋯⋯⋯⋯⋯ 113

141.《欣賞篇》　明萬曆刊本　⋯⋯⋯⋯⋯⋯⋯⋯⋯ 114

142.《破窯記》　明萬曆書肆刊本　⋯⋯⋯⋯⋯⋯⋯ 115

143.《破窯記》　明萬曆書肆刊本　⋯⋯⋯⋯⋯⋯⋯ 116

144.《全像西廂記》　明萬曆金陵唐振吾刊本　⋯⋯ 117

145.《全像八義雙杯記》　明萬曆金陵唐振吾
　　　刊本　⋯⋯⋯⋯⋯⋯⋯⋯⋯⋯⋯⋯⋯⋯⋯⋯ 118

146.《北西廂記》 明萬曆何璧刊本 …………………… 119

泰昌（1620～1620）………………………………………… 120

147.《紅梨記》 明泰昌元年吳興套色刊本 ………… 120

148.《紅梨記》 明泰昌元年吳興套色刊本 ………… 121

天啟（1620～1627）………………………………………… 122

149.《西廂五劇》 明天啟吳興凌氏套色刊本 ……… 122

150.《西廂五劇》 明天啟吳興凌氏套色刊本 ……… 123

151.《西廂五劇》 明天啟吳興凌氏套色刊本 ……… 124

152.《西廂五劇》 明天啟吳興凌氏套色刊本 ……… 125

153.《南音三籟》 明天啟吳興凌氏套色刊本 ……… 126

154.《繡襦記》 明天啟吳興凌氏套色刊本 ………… 127

155.《繡襦記》 明天啟吳興凌氏套色刊本 ………… 128

156.《董西廂》 明天啟吳興閔氏套色刊本 ………… 129

157.《董西廂》 明天啟吳興閔氏套色刊本 ………… 130

158.《牡丹亭記》 明天啟吳興閔氏套色刊本 ……… 131

159.《西廂記》 明天啟吳興閔氏套色《千秋
絕豔》刊本 ………………………………………… 131

160.《西廂記》 明天啟吳興閔氏套色《千秋
絕豔》刊本 ………………………………………… 132

161.《西廂記》 明天啟吳興閔氏套色《千秋
絕豔》刊本 ………………………………………… 132

162.《西廂記》 明天啟吳興閔氏套色《千秋
絕豔》刊本 ………………………………………… 133

163.《明珠記》 明天啟閔齊伋朱墨套印本 ………… 134

164.《明珠記》 明天啟閔齊伋朱墨套印本 ………… 135

165.《梅雪爭奇》 明天啟建安萃慶堂刊本 ………… 136

166.《梅雪爭奇》 明天啟建安萃慶堂刊本 ………… 137

167.《花鳥爭奇》 明天啟清白堂刊本 ……………… 138

168.《灑灑篇》 明天啟劉素明本 …………………… 139

169.《西廂記》 徐月峰評本明天啟金陵刊本 ……… 140

170.《西廂記》 徐月峰評本明天啟金陵刊本 ……… 141

171.《西廂記》 徐月峰評本明天啟金陵刊本 ……… 142

172.《詞壇清玩西廂記》 明天啟金陵刊本 ……… 143

173.《詞壇清玩西廂記》　明天啟金陵刊本‥‥‥‥‥ 144

174.《詞壇清玩西廂記》　明天啟金陵刊本‥‥‥‥‥ 144

175.《詞壇清玩西廂記》　明天啟金陵刊本‥‥‥‥‥ 145

176.《彩筆情詞》　明天啟武林刊本‥‥‥‥‥‥‥ 145

177.《彩筆情詞》　明天啟武林刊本‥‥‥‥‥‥‥ 146

178.《彩筆情詞》　明天啟武林刊本‥‥‥‥‥‥‥ 146

179.《挑燈劇》　明天啟武林刊本‥‥‥‥‥‥‥‥ 147

180.《碧紗劇》　明天啟武林刊本‥‥‥‥‥‥‥‥ 147

181.《異夢記》　明天啟武林刊本‥‥‥‥‥‥‥‥ 148

182.《異夢記》　明天啟武林刊本‥‥‥‥‥‥‥‥ 148

183.《王季重評牡丹亭》　明天啟刊本‥‥‥‥‥‥ 149

184.《王季重評牡丹亭》　明天啟刊本‥‥‥‥‥‥ 149

185.《紅梨記》　明天啟刊《萬壑清音》本‥‥‥‥ 150

186.《題塔記》　明天啟刊《萬壑清音》本‥‥‥‥ 150

187.《私情》　明天啟刊《太霞新奏》本‥‥‥‥‥ 151

崇禎（1627～1644）‥‥‥‥‥‥‥‥‥‥‥‥‥‥ 152

188.《天馬媒》　明崇禎刊本‥‥‥‥‥‥‥‥‥‥ 152

189.《北西廂記原本》　明崇禎金陵匯錦堂刊本‥‥ 153

190.《北西廂記原本》　明崇禎金陵匯錦堂刊本‥‥ 154

191.《青樓韻語》　明崇禎武林張氏刻本‥‥‥‥‥ 155

192.《竇娥冤》　明崇禎山陰孟氏刻《古今名劇
合選》本‥‥‥‥‥‥‥‥‥‥‥‥‥‥‥‥ 156

193.《紅線盜盒》　明崇禎山陰孟氏刻《古今名劇
合選》本‥‥‥‥‥‥‥‥‥‥‥‥‥‥‥‥ 157

194.《杜蕊娘智賞金線池》　明崇禎山陰孟氏刻
《古今名劇合選》本‥‥‥‥‥‥‥‥‥‥‥ 158

195.《惠禪師三度小桃紅》　明崇禎山陰孟氏刻
《古今名劇合選》本‥‥‥‥‥‥‥‥‥‥‥ 159

196.《鴛鴦縧》　明崇禎書肆刊本‥‥‥‥‥‥‥‥ 160

197.《鴛鴦縧》　明崇禎書肆刊本‥‥‥‥‥‥‥‥ 160

198.《鴛鴦冢嬌紅記》　明崇禎刊本‥‥‥‥‥‥‥ 161

199.《鴛鴦冢嬌紅記》　明崇禎刊本‥‥‥‥‥‥‥ 162

200.《春波影》　明崇禎刊《盛明雜劇》本‥‥‥‥ 163

201.《蘇門嘯》　明崇禎敲月齋刊本 ……………………… 164

202.《蘇門嘯》　明崇禎敲月齋刊本 ……………………… 165

203.《蘇門嘯》　明崇禎敲月齋刊本 ……………………… 166

204.《秘本北西廂》　明崇禎陳洪綬繪刊本 ……… 167

205.《秘本北西廂》　明崇禎陳洪綬繪刊本 ……… 168

206.《秘本北西廂》　明崇禎陳洪綬繪刊本 ……… 168

207.《北西廂記》　明崇禎陳洪綬繪山陰李正謨
　　　　　　刊本 ……………………………………… 169

208.《北西廂記》　明崇禎陳洪綬繪山陰李正謨
　　　　　　刊本 ……………………………………… 170

209.《北西廂記》　明崇禎陳洪綬繪山陰李正謨
　　　　　　刊本 ……………………………………… 171

210.《四聲猿》　明崇禎水月居刊本 ……………………… 172

211.《四聲猿》　明崇禎水月居刊本 ……………………… 172

212.《怡春錦》　明崇禎武林刊本 ………………………… 173

213.《怡春錦》　明崇禎武林刊本 ………………………… 174

214.《怡春錦》　明崇禎武林刊本 ………………………… 175

215.《燕子箋》　明崇禎武林刊本 ………………………… 176

216.《燕子箋》　明崇禎武林刊本 ………………………… 177

217.《燕子箋》　明崇禎武林刊本 ………………………… 178

218.《燕子箋》　明崇禎武林刊本 ………………………… 179

219.《燕子箋》　明崇禎武林刊本 ………………………… 180

220.《詩賦盟》　明崇禎項南洲刻本 ……………………… 181

221.《詩賦盟》　明崇禎項南洲刻本 ……………………… 182

222.《鬱輪袍》　明崇禎刊本 ……………………………… 183

223.《鬱輪袍》　明崇禎刊本 ……………………………… 184

224.《靈犀錦》　明崇禎刊《白雪齋五種曲》本 …… 185

225.《金鈿盒》　明崇禎刊本 ……………………………… 186

226.《金鈿盒》　明崇禎刊本 ……………………………… 187

227.《明月環》　明崇禎刊《白雪齋五種曲》本 …… 188

228.《李卓吾評西廂記》　明崇禎武林刊本 ……… 189

229.《李卓吾評西廂記》　明崇禎武林刊本 ……… 190

230.《水滸全傳》　明崇禎刊本 …………………………… 191

231.《情郵記》 明崇禎刊本 …………………… 192

232.《情郵記》 明崇禎刊本 …………………… 193

233.《情郵記》 明崇禎刊本 …………………… 193

234.《金瓶梅》 明崇禎刊本 …………………… 194

235.《金瓶梅》 明崇禎刊本 …………………… 195

236.《金瓶梅》 明崇禎刊本 …………………… 196

237.《金瓶梅》 明崇禎刊本 …………………… 197

238.《型世言》 明崇禎刊本 …………………… 198

239.《弁而釵》 明崇禎筆耕山房刊本 …………… 199

240.《弁而釵》 明崇禎筆耕山房刊本 …………… 200

241.《明月環》 明崇禎刊本 …………………… 201

242.《金鈿盒》 明崇禎白雪齋刊本 …………… 202

243.《金鈿盒》 明崇禎白雪齋刊本 …………… 203

244.《一捧雪傳奇》 明末《一笠庵四種曲》
刊本 ……………………………… 204

245.《一捧雪傳奇》 明末《一笠庵四種曲》
刊本 ……………………………… 205

246.《人獸關傳奇》 明末《一笠庵四種曲》
刊本 ……………………………… 206

247.《人獸關傳奇》 明末《一笠庵四種曲》
刊本 ……………………………… 207

248.《人獸關傳奇》 明末《一笠庵四種曲》
刊本 ……………………………… 208

249.《永團圓傳奇》 明末《一笠庵四種曲》
刊本 ……………………………… 209

250.《占花魁傳奇》 明末《一笠庵四種曲》
刊本 ……………………………… 210

251.《占花魁傳奇》 明末《一笠庵四種曲》
刊本 ……………………………… 211

252.《三報恩傳奇》 明末《一笠庵四種曲》
刊本 ……………………………… 212

253.《三報恩傳奇》 明末《一笠庵四種曲》
刊本 ……………………………… 213

254.《唾紅記》 明末刊本 …………………… 214

下　冊

255.《唾紅記》　明末刊本 ………………………… 215

256.《種玉記》　明末玉茗堂刊本 ………………… 216

257.《種玉記》　明末玉茗堂刊本 ………………… 217

258.《櫻桃記》　明末刊本 ………………………… 218

259.《櫻桃記》　明末刊本 ………………………… 219

260.《西廂升仙記》　明末刊本 …………………… 220

261.《西廂升仙記》　明末刊本 …………………… 221

262.《萬錦嬌麗》　明末玉茗堂刊本 ……………… 222

263.《博笑記》　明末玉茗堂刊本 ………………… 223

264.《花筵賺》　明末刊本 ………………………… 224

265.《西園記》　明末刊本 ………………………… 225

266.《西園記》　明末刊本 ………………………… 226

267.《載花舲》　明末刊《曲波園傳奇二種》本 …… 227

268.《載花舲》　明末刊《曲波園傳奇二種》本 …… 228

269.《香草吟》　明末刊《曲波園傳奇二種》本 …… 229

明刊本（年代待考）………………………………… 230

270.《昭君出塞》　明刊本 ………………………… 230

271.《桃花人面》　明刊本 ………………………… 231

272.《桃花人面》　明刊本 ………………………… 232

273.《唐伯虎千金花舫緣》　明刊本 ……………… 233

274.《小青娘情死春波影》　明刊本 ……………… 234

275.《風月牡丹仙》　明刊本 ……………………… 235

276.《香囊怨》　明刊本 …………………………… 236

277.《夭桃紈扇》　明刊本 ………………………… 237

278.《夭桃紈扇》　明刊本 ………………………… 238

279.《碧蓮繡符》　明刊本 ………………………… 239

280.《碧蓮繡符》　明刊本 ………………………… 240

281.《雙鶯傳》　明刊本 …………………………… 241

282.《雙鶯傳》　明刊本 …………………………… 242

283.《櫻桃園》　明刊本 …………………………… 243

284.《雙合歡》　明刊本 …………………………… 244

285.《翠鈿緣》　明刊本 ·······················245

286.《夢幻緣》　明刊本 ·······················246

287.《續西廂》　明刊本 ·······················247

288.《不了緣》　明刊本 ·······················248

289.《不了緣》　明刊本 ·······················249

清代（1644～1911）·······················250

290.《魏仲雪評西廂記》　清初陳長卿刊本·········250

291.《魏仲雪評西廂記》　清初陳長卿刊本·········251

292.《西樓夢傳奇》　清初耐閒堂刊本 ···········252

293.《西樓夢傳奇》　清初耐閒堂刊本 ···········253

294.《鴛鴦夢》　清順治壽壽堂刊本···············254

295.《鴛鴦夢》　清順治壽壽堂刊本···············255

296.《意中緣》　清順治《笠翁十種曲》刊本·······256

297.《意中緣》　清順治《笠翁十種曲》刊本·······257

298.《憐香伴》　清順治《笠翁十種曲》刊本·······258

299.《憐香伴》　清順治《笠翁十種曲》刊本·······259

300.《蜃中樓》　清順治《笠翁十種曲》刊本·······260

301.《蜃中樓》　清順治《笠翁十種曲》刊本·······261

302.《玉搔頭》　清順治《笠翁十種曲》刊本·······262

303.《比目魚》　清順治《笠翁十種曲》刊本·······263

304.《比目魚》　清順治《笠翁十種曲》刊本·······264

305.《風箏誤》　清順治《笠翁十種曲》刊本·······265

306.《鳳求凰》　清順治《笠翁十種曲》刊本·······266

307.《鳳求凰》　清順治《笠翁十種曲》刊本·······267

308.《奈何天》　清順治《笠翁十種曲》刊本·······268

309.《奈何天》　清順治《笠翁十種曲》刊本·······269

310.《慎鸞交》　清順治《笠翁十種曲》刊本·······270

311.《慎鸞交》　清順治《笠翁十種曲》刊本·······271

312.《巧團圓》　清順治《笠翁十種曲》刊本·······272

313.《巧團圓》　清順治《笠翁十種曲》刊本·······273

314.《揚州夢傳奇》　清康熙啟賢堂刊本···········274

315.《揚州夢傳奇》 清康熙啟賢堂刊本 ……… 275

316.《揚州夢傳奇》 清康熙啟賢堂刊本 ……… 276

317.《秦樓月傳奇》 清康熙文喜堂刊本 ……… 277

318.《秦樓月傳奇》 清康熙文喜堂刊本 ……… 278

319.《西廂記》 清康熙金閣書業堂刊《第六
才子書》本 ……… 279

320.《廣寒香》 清康熙文治堂刊本 ……… 280

321.《牡丹亭還魂記》 清康熙夢園刊本 ……… 281

322.《牡丹亭還魂記》 清康熙夢園刊本 ……… 282

323.《牡丹亭還魂記》 清康熙夢園刊本 ……… 283

324.《牡丹亭還魂記》 清康熙夢園刊本 ……… 284

325.《雅趣藏書》 清康熙四德堂刊本 ……… 285

326.《雅趣藏書》 清康熙四德堂刊本 ……… 286

327.《第七才子書》 清康熙芥子園刊本 ……… 287

328.《第七才子書》 清康熙芥子園刊本 ……… 288

329.《燕子箋》 清乾隆刊本 ……… 289

330.《燕子箋》 清乾隆刊本 ……… 290

331.《第六才子西廂記》 清乾隆文德堂刊本 …… 291

332.《魚水緣傳奇》 清乾隆刊本 ……… 292

333.《石榴記傳奇》 清乾隆柴灣村舍刊本 ……… 293

334.《石榴記傳奇》 清乾隆柴灣村舍刊本 ……… 294

335.《珊瑚玦》 清書帶草堂刊本 ……… 295

336.《石點頭》 明末清初金閣刊本 ……… 296

337.《石點頭》 明末清初金閣刊本 ……… 297

338.《揚州夢》 明末清初金閣刊本 ……… 298

339.《鳳儀亭》 清康熙刊《李卓吾點評三國
演義》本 ……… 299

340.《廣寒宮》 清康熙刊本 ……… 300

341.《廣寒宮》 清康熙刊本 ……… 301

342.《百美新詠》 清乾隆王翽繪刊本 ……… 302

343.《樊梨花征西》 清乾隆刊本 ……… 303

344.《紅樓夢》 清乾隆刊本 ……… 304

345.《鴛鴦針》 清乾隆東吳赤綠山房刊本 ……… 305

346.《鴛鴦針》　清乾隆東吳赤綠山房刊本 ……… 306

347.《鴛鴦針》　清乾隆東吳赤綠山房刊本 ……… 306

348.《二度梅全傳》　清嘉慶刊本 …………………… 307

349.《紅樓夢》　清光緒浙江楊氏文元堂刊本 ……… 308

350.《紅樓夢》　清光緒浙江楊氏文元堂刊本 ……… 309

351.《紅樓夢》　清光緒浙江楊氏文元堂刊本 ……… 310

352.《紅樓夢》　清光緒浙江楊氏文元堂刊本 ……… 311

353.《風月夢》　清光緒刊本 ……………………… 312

354.《風月夢》　清光緒刊本 ……………………… 312

355.《殺子報全傳》　清靈巖樵子光緒中年刊本 …… 313

356.《歡喜冤家》(《貪歡報》)　清光緒愛心亭刊本
………………………………………………… 314

357.《歡喜冤家》(《貪歡報》)　清光緒愛心亭刊本
………………………………………………… 315

358.《後紅樓夢》　清光緒刊本 …………………… 316

359.《後紅樓夢》　清光緒刊本 …………………… 317

360.《珊瑚玦》　清書帶草堂刊《容居堂三種曲》
本 …………………………………………… 318

361.《元寶媒》　清書帶草堂刊《容居堂三種曲》
本 …………………………………………… 319

362.《元寶媒》　清書帶草堂刊《容居堂三種曲》
本 …………………………………………… 320

363.《三國演義》　清上元泉水刊本 ……………… 321

364.《水滸傳》　清代末年書肆刊本 ……………… 322

365.《紫釵記》　清代末年書肆刊本 ……………… 323

366.《紫釵記》　清代末年書肆刊本 ……………… 324

367.《南柯記》　清代末年書肆刊本 ……………… 325

368.《紫釵記》　清代末年書肆刊本 ……………… 326

369.《南柯記》　清代末年書肆刊本 ……………… 327

370.《紫釵記》　清代末年書肆刊本 ……………… 328

371.《牡丹亭》　清代末年書肆刊本 ……………… 329

372.《紫簫記》　清代末年書肆刊本 ……………… 330

373.《聊志誌異》　清代末年書肆刊本 …………… 331

374. 《聊志誌異》 清代末年書肆刊本 …………………… 332

375. 《聊志誌異》 清代末年書肆刊本 …………………… 333

376. 《繪本西遊記》 日本江戶時代大原東野
　　　歌川豐廣浮世繪刊本 ………………… 334

377. 《繪本西遊記》 日本江戶時代大原東野
　　　歌川豐廣浮世繪刊本 ………………… 334

378. 《繪圖封神榜》 清嘉慶書肆刊本 …………… 335

379. 《水滸全圖》 清光緒廣東臧修堂丁鴻賓
　　　題跋明杜堇繪本 ………………… 336

380. 《水滸全圖》 清光緒廣東臧修堂丁鴻賓
　　　題跋明杜堇繪本 ………………… 337

381. 《水滸全圖》 清光緒廣東臧修堂丁鴻賓
　　　題跋明杜堇繪本 ………………… 338

382. 《繪本通俗三國志》 清末上海書局出版的
　　　日本江戶時代繪圖本 ………………… 339

383. 《繪本西遊記》 清嘉慶書肆本 …………… 339

384. 《京劇小唱本》 清宣統書肆刻本 ………… 340

第二部分　清代手繪和石印戲畫 ………………… 341

　　1. 《十面》 清代昇平署手繪戲畫 ………… 341

　　2. 《取金陵》 清代昇平署手繪戲畫 ………… 342

　　3. 《捉放》 清代昇平署手繪戲畫 ………… 342

　　4. 《打墩》 清代昇平署手繪戲畫 ………… 343

　　5. 《五花洞》 清代昇平署手繪戲畫 ………… 343

　　6. 《打連廂》 清代昇平署手繪戲畫 ………… 344

　　7. 《百壽圖》 清代昇平署手繪戲畫 ………… 344

　　8. 《女兒國》 清代昇平署手繪戲畫 ………… 345

　　9. 《鎖五龍》 清代昇平署手繪戲畫 ………… 345

　　10. 《五毒傳》 清代昇平署手繪戲畫 ………… 346

　　11. 《陰陽界》 清代昇平署手繪戲畫 ………… 346

　　12. 《拿花蝴蝶》 清代昇平署手繪戲畫 ………… 347

　　13. 《探母》 清代昇平署手繪戲畫 ………… 347

　　14. 《荷玉配》 清代昇平署手繪戲畫 ………… 348

　　15. 《白門樓》 清代昇平署手繪戲畫 ………… 348

16.《反五侯》　清代昇平署手繪戲畫 ……………349

17.《白莽臺》　清代昇平署手繪戲畫 ……………349

18.《渼陽關》　清代昇平署手繪戲畫 …………350

19.《戲妻》　清代昇平署手繪戲畫 ……………350

20.《打擂》　清代昇平署手繪戲畫 ……………351

21.《斷橋》　清代昇平署手繪戲畫 ……………351

22.《除三害》　清代昇平署手繪戲畫 ……………352

23.《牧虎關》　清代昇平署手繪戲畫 ……………352

24.《玉堂春》　清代昇平署手繪戲畫 ……………353

25.《御果園》　清代昇平署手繪戲畫 ……………353

26.《遊龍戲鳳》　綴玉軒藏清代昇平署手繪
　　　戲畫 ……………354

27.《拾玉鐲》　綴玉軒藏清代昇平署手繪戲畫 ……354

28.《春秋配》　綴玉軒藏清代昇平署手繪戲畫 ……355

29.《得意緣》　綴玉軒藏清代昇平署手繪戲畫 ……355

30.《雙鎖山》　綴玉軒藏清代昇平署手繪戲畫 ……356

31.《拜山》　綴玉軒藏清代昇平署手繪戲畫 ……356

32.《白水灘》　綴玉軒藏清代昇平署手繪戲畫 ……357

33.《豔陽樓》　綴玉軒藏清代昇平署手繪戲畫 ……357

34.《逍遙津》　清末英美煙草公司出品的石印
　　　煙畫 ……………358

35.《頂花磚》　清末英美煙草公司出品的石印
　　　煙畫 ……………358

36.《鴛鴦樓》　清末英美煙草公司出品的石印
　　　煙畫 ……………359

37.《十八扯》　清末英美煙草公司出品的石印
　　　煙畫 ……………359

38.《鐵弓緣》　清末英美煙草公司出品的石印
　　　煙畫 ……………360

39.《梅龍鎮》　清末英美煙草公司出品的石印
　　　煙畫 ……………360

40.《惡虎村》　清末英美煙草公司出品的石印
　　　煙畫 ……………361

41.《四郎探母》 清末英美煙草公司出品的石印

　　　煙畫 ………………………………………… 361

42.《張義托兆》 清末英美煙草公司出品的石印

　　　煙畫 ………………………………………… 362

43.《連環套》 清末英美煙草公司出品的石印

　　　煙畫 ………………………………………… 362

44.《拿高登》 清末英美煙草公司出品的石印

　　　煙畫 ………………………………………… 363

45.《探母》 清末英美煙草公司出品的石印煙畫 … 363

46.《曾頭市》 清末英美煙草公司出品的石印

　　　煙畫 ………………………………………… 364

47.《查頭關》 清末英美煙草公司出品的石印

　　　煙畫 ………………………………………… 364

48.《泗州城》 清末英美煙草公司出品的石印

　　　煙畫 ………………………………………… 365

49.《教歌》 清末英美煙草公司出品的石印煙畫 … 365

50.《十八扯》 清末英美煙草公司出品的石印

　　　煙畫 ………………………………………… 366

51.《三疑計》 清末英美煙草公司出品的石印

　　　煙畫 ………………………………………… 366

52.《拐兒》 清末英美煙草公司出品的石印煙畫 … 367

53.《卞梁殺宮》 清末英美煙草公司出品的石印

　　　煙畫 ………………………………………… 367

54.《四傑村》 清末英美煙草公司出品的石印

　　　煙畫 ………………………………………… 368

55.《彩樓配》 清末英美煙草公司出品的石印

　　　煙畫 ………………………………………… 368

56.《戲迷傳》 清末英美煙草公司出品的石印

　　　煙畫 ………………………………………… 369

第三部分　清代木版戲曲年畫 ……………………… 371

1.《花園贈金》 清代江蘇蘇州桃花塢木版年畫 ‥ 371

2.《金山寺》 清代江蘇蘇州桃花塢木版年畫 ……… 372

3.《點秋香》 清代江蘇蘇州桃花塢木版年畫 ……… 372

4.《盤絲洞》 清代江蘇蘇州王榮興記木版年畫 ‥ 373

5.《雙蕩湖船》 清代江蘇蘇州桃花塢木版年畫 373

6.《大四傑村》 清代江蘇蘇州桃花塢木版年畫‧‧374

7.《盜仙草》 清代福建福鼎清木版年畫‧‧‧‧‧‧‧‧374

8.《小上墳》 清代福建福鼎清木版年畫‧‧‧‧‧‧‧‧375

9.《大嫖院》 清代四川綿竹木版手描彩繪年畫‧‧376

10.《西廂記》 清代山西臨汾木版年畫‧‧‧‧‧‧‧‧‧‧377

11.《烏龍院》 清代山西臨汾木版年畫‧‧‧‧‧‧‧‧‧‧377

12.《狐狸緣》 清代山西臨汾木版年畫‧‧‧‧‧‧‧‧‧‧378

13.《鐵弓緣》 清代河南開封天義木版年畫‧‧‧‧‧‧378

14.《白逼宮》［逍遙津］ 清代陝西鳳翔木版
年畫‧‧379

15.《白蛇傳》 清代河北楊柳青木版手描彩繪
年畫‧‧379

16.《梅降雪》 清代河北楊柳青木版手描彩繪
年畫‧‧380

17.《拾玉鐲》 清代河北楊柳青木版手描彩繪
年畫‧‧380

18.《老少換》 清代河北楊柳青木版手描彩繪
年畫‧‧381

19.《鳳儀亭》 清代河北楊柳青木版年畫‧‧‧‧‧‧‧381

20.《白蛇傳》 清代河北楊柳青木版年畫‧‧‧‧‧‧‧382

21.《小上墳》 清代河北武強套色木版年畫‧‧‧‧‧382

22.《鳳儀亭》 清代河北楊柳青木版年畫‧‧‧‧‧‧‧383

23.《玉堂春》 清代河北武強木版年畫‧‧‧‧‧‧‧‧‧‧383

24.《戰宛城》 清代山東濰坊套色木版年畫‧‧‧‧‧384

25.《刺嬸》 清代山東濰坊套色木版年畫‧‧‧‧‧‧384

26.《背娃入府》 清代河南開封套色木版年畫‧‧‧‧385

27.《梅降雪》 清代山東平度泰記木版年畫‧‧‧‧‧385

28.《辛安驛》 清代河北楊柳青木版手描彩繪
年畫‧‧386

29.《拾玉鐲》 清代四川綿竹木版手描彩繪年畫‧‧386

30.《雙鎖山》 清代江蘇蘇州桃花塢木版年畫‧‧‧‧387

31.《連環計》 清代四川綿竹木版手描彩繪年畫‧‧387

32.《蔡天化》 清代江蘇蘇州桃花塢套色木版
年畫‧‧388

33.《三義絕交》 清代河北蘆臺手描彩繪木版
　　　年畫 ……………………………………… 388

34.《伐子都》 清代河北楊柳青木版年畫 ……… 389

35.《雙鎖山》 清代河北楊柳青木版年畫 ……… 389

36.《楊香武二盜九龍杯》 清代江蘇蘇州
　　　桃花塢套色木版年畫 ………………………… 390

37.《彩樓配》 清代河北楊柳青木版年畫 ……… 390

38.《王定保借當》 清代河北楊柳青木版手描
　　　彩繪年畫 …………………………………… 391

39.《白蛇傳》 清代河北楊柳青木版手描彩繪
　　　年畫 ……………………………………… 392

40.《摩天嶺》 清代河北楊柳青木版手描彩繪
　　　年畫 ……………………………………… 393

41.《蓮花湖》 清代河北楊柳青木版手描彩繪
　　　年畫 ……………………………………… 393

42.《四傑村》 清代河北楊柳青木版手描彩繪
　　　年畫 ……………………………………… 394

43.《巴家寨》 清山東平度套色木版年畫 ……… 394

44.《落馬湖》 清代山東濰坊套色木版年畫 …… 395

45.《拿謝虎》 清代山東濰坊套色木版年畫 …… 395

46.《趙家樓》 清代江蘇蘇州王榮興套色木版
　　　年畫 ……………………………………… 396

47.《拿謝虎》 清代上海許益泰彩色木版年畫 …… 396

48.《忠義堂》 清代江蘇蘇州王榮興套色木版
　　　年畫 ……………………………………… 397

49.《拿郎如豹》 清代江蘇蘇州王榮興套色木版
　　　年畫 ……………………………………… 397

50.《連環計》 清代江蘇蘇州套色木版年畫 …… 398

51.《黃天霸探山》 清代河南開封套色木版
　　　年畫 ……………………………………… 398

52.《三岔口》 清代江蘇蘇州套色木版年畫 …… 399

53.《白蛇傳》 清代江蘇蘇州世興畫局套色木版
　　　年畫 ……………………………………… 400

54.《王定保借當》 ……………………………… 400

55.《三傑烈》 清代江蘇蘇州世興畫局套色木版
　　　　　年畫……………………………………401

56.《昭君出塞》 清代江蘇蘇州世興畫局套色
　　　　　　木版年畫………………………………401

57.《三堂會審》 清代山東平度泰記木版年畫……402

58.《拿九花娘》 清代江蘇蘇州套色木版年畫……402

59.《打櫻桃》 清代江蘇蘇州套色木版年畫 ……403

60.《刺巴傑》 清代河北楊柳青木版年畫………403

61.《西廂記》 清代河北楊柳青木版年畫………404

62.《獅子樓》 清代河北楊柳青木版年畫………404

63.《大名府》 清代四川綿竹木版手描彩繪年畫 ·405

64.《戰宛城》 清代河北楊柳青木版年畫………406

65.《浣花溪》 清代河北楊柳青木版年畫………406

66.《花蝴蝶》 清代河北楊柳青木版年畫………407

67.《翠屏山》 清代河北楊柳青木版年畫………407

68.《小上墳》 清代河北楊柳青木版年畫………408

69.《無底洞》 清代河北楊柳青木版年畫………408

70.《落馬湖》 清代河北楊柳青木版年畫………409

71.《白羅衫》 清代河北楊柳青木版年畫………409

72.《盜御馬》 清代河北楊柳青木版年畫………410

73.《無底洞》 清代江蘇蘇州桃花塢木版年畫……410

74.《鬧江州》 清代江蘇蘇州桃花塢木版年畫……411

75.《海潮珠》 清代河北楊柳青木版年畫………411

76.《鳳儀亭》 清代河北楊柳青木版年畫………412

77.《全出狐狸緣》 清代河北武強木版年畫……412

78.《小廣寒》 清代江蘇蘇州陳同盛木版年畫……413

79.《白蛇傳》 清代河北楊柳青木版年畫………414

80.《白蛇傳》 清代河北楊柳青木版年畫………415

81.《蝴蝶杯·藏舟》 清代河南朱仙鎮木版年畫·415

82.《羅章跪樓》清代河南朱仙鎮木版年畫………416

83.《殺子報》 清代河北喬町村慶順成畫店出版的
　　　　　木版年畫……………………………………416

84.《全本白蛇傳》　清末河北天津木版年畫⋯⋯⋯417

85.《盜芭蕉扇》　清代河南朱仙鎮木版年畫⋯⋯⋯417

86.《打金枝》　清代河南朱仙鎮木版年畫⋯⋯⋯418

87.《拾玉鐲》　清代河南朱仙鎮木版年畫⋯⋯⋯418

88.《白美娘借傘》　清代河址武強彩色木版
　　年畫⋯⋯⋯⋯⋯⋯⋯⋯⋯419

89.《青雲下書》　清代河址武強彩色木版年畫⋯⋯⋯420

90.《白鼠洞》　清代山東寒亭楊家埠彩色木版
　　年畫⋯⋯⋯⋯⋯⋯⋯⋯⋯421

91.《白水灘》　清代上海彩色木版年畫⋯⋯⋯⋯421

92.《鮑金花父女打擂》　清代上海彩色木版
　　年畫⋯⋯⋯⋯⋯⋯⋯⋯⋯422

93.《打櫻桃》　清代上海許益泰彩色木版年畫⋯⋯⋯423

94.《打魚殺家》　清代上海許益泰彩色木版
　　年畫⋯⋯⋯⋯⋯⋯⋯⋯⋯424

95.《刁南樓》　清代上海彩色木版年畫⋯⋯⋯⋯424

96.《風箏誤》　清代河南朱仙鎮彩色木版年畫⋯⋯⋯425

97.《迷人館》　清代上海許益泰彩色木版年畫⋯⋯⋯425

98.《八美打擂》　清代上海許益泰彩色木版
　　年畫⋯⋯⋯⋯⋯⋯⋯⋯⋯426

99.《快活林》　清代山東楊家埠彩色木版年畫⋯⋯⋯426

100.《叭蜡廟》　清代江蘇蘇州王榮興套色木版
　　年畫⋯⋯⋯⋯⋯⋯⋯⋯⋯427

參考文獻⋯⋯⋯⋯⋯⋯⋯⋯⋯⋯⋯428

代前言　寫在前面

　　「讀圖如讀史」是近代史學研究方面的一個重要的命題，已引起學術界廣泛重視。

　　宋代史學家鄭樵（1104～1162）在《通志略》一書中就提到：「古之學者為學有要，置圖於左，置書於右；索像於圖，索理於書」。他認為治學的「要義」是圖、書並讀，特別強調「圖史」的作用。章太炎先生在《駁看康有為政見書》中也提出「圖錄有徵（證）」，強調「圖錄」作為史證的可靠性。上世紀三十年代，鄭振鐸先生《插圖本文學史》的問世，開啟了中國文學「圖史」研究的先河，科學地實踐了「讀圖如讀史」的探索，從而，使中國的版本學、插圖學，包括民間木版年畫、民間美術諸方面的研究，登上了一個新的臺階。近年來，許多學人在研究明、清戲劇史時，對歷代版本的插圖、繪畫、木版年畫和早期的老照片、商業廣告畫、民間工藝美術品方面有關戲劇內容的蒐集與研究工作，同樣也取得了豐碩的成果。

　　筆者在研究中國戲劇史的同時，刻意蒐集了許多清代官方在戲劇管理中，對所謂有關「禁戲」的書籍、傳奇、曲本、小說、話本等出版物上的木版插圖，還有宮廷內眷日間展玩的手繪戲目、民間的木版年畫和清末域外煙草公司出版有關戲劇的香煙畫片等圖畫，在朋輩的鼓勵下，遂產生了編撰《清代禁戲圖存》的設想，擬從視覺圖像角度，闡述清代戲劇管理中所謂「禁戲」的大致面目。同時，通過這些圖畫試圖說明當時的「禁戲」之所以「禁而難止」，「屢禁屢萌」，是因為這類戲劇深接地氣，具有鮮活的生命力，方得以在民間廣泛的流傳。

我國古典戲劇從形式上基本可分為「案牘戲劇」和「舞臺戲劇」兩大類。所謂「案牘戲劇」，大多數尚停留在紙上，只供文化階層閱讀欣賞，從未搬上舞臺演出過。而表演於特定場合（歌臺舞榭、茶樓酒肆、露野草臺）的「舞臺戲劇」，很多處於民間藝人的「幕表」狀態，並未形成完整的劇本。清季刊行的《綴白裘》和市井《唱本》，也只是大量民間戲劇中被記錄下來的一小部分。很多「不入流」的民間戲劇並沒有流傳下來。

自元以降，很多傳奇、話本和戲劇出版物，大都配上了木版印製的插圖，使「案牘戲劇」大沾其光。一些從未搬演過的劇目出現了生動的藝術形象；更使一些搬演過的「舞臺劇目」，在紙上也「活動」起來。這些木版圖畫為戲劇的聲、色表演增添了無窮的魅力，使戲劇的推廣和普及插上了飛翔的翅膀。

清代末年，戲劇題材也進入了繪畫藝術領域，其中，最有代表性的莫過於《昇平署戲劇人物扮相譜》和《清代宮廷戲畫》。這是一批精細的戲劇人物畫，不僅臉譜、穿戴錙銖無誤；就是人物所穿「行頭」褶、帔、氅、靠上的遊龍團鳳、八寶插底，折枝花卉，祥雲立水等裝飾圖案，也畫得寫實嚴謹，著墨之處，如織如繡，巧奪天工。朱家溍先生根據昔日《故宮物品點查報告》的記錄考證說：「這些畫作是清宮大內的藏品，一直收藏在慈禧皇太后的寢宮——壽康宮中的雕花紫檀大櫃裏，是愛看戲的慈禧太后平時賞玩的對象。」這些畫作不僅藝術品味很高，而且，對中國戲劇史的研究提供了珍貴的形象資料。這批畫作產生於咸豐末年，是在昇平署的指導下，由如意館的畫師們繪製而成。民國初年，這些畫作從宮中散佚到民間，甚至到了海外。筆者從不同的渠道共蒐集到七十八出戲的劇中人物肖像三百三十三幀，編成《春色如許》一書，已由臺灣花木蘭出版公司精印出版，這裡便不再抽出選用了。另有《清宮戲畫》些許，擬精選後編入此書。

如果說早期的戲劇繪畫、戲劇插圖，僅限於為上層統治者和知識階層服務的，那麼，清季中、後期出現的民間木版年畫，則給廣大市民、農民、販夫走卒、勞苦大眾打開了一幅絢麗多彩的大門。戲齣是木版年畫的重要內容，人們把戲齣年畫買回家中，貼在廳堂、客室、臥房、炕頭，一貼就是一年。畫上的戲齣便成為人們茶餘飯後的重要談資，這些戲劇故事也就不脛而走的進入了千家萬戶，經久不息地流傳下來。

到了清季末年，外國資本的侵入，歐風東漸，西洋文化開始扣響閉緊的封建大門。攝影術在光緒初年傳進中國，先入宮廷，很快傳到民間。戲劇也是當

時攝影題材之一，這類照片真實生動地記錄了我國早期的戲劇形象，給今人留下了許多保貴的可視性資料。

與此同時，外國的商業廣告隨著外國商品進入中國，紙卷香煙首當其衝地開始爭奪中國市場。原本在歐美風行一時的香煙廣告——煙畫「改裝易服」，把國人喜聞樂見的民間戲齣印到小小的畫片上來，隨煙附贈。就這樣，成千上萬的「戲齣畫片」竟如水銀瀉地一般，流向大江南北的城鎮、農村的平民之家、婦孺之手。在印刷術尚未普及，人們的視野尚未開啟的年代，這些精美的小畫片便成了人們爭相傳看的「愛巴物」，影響所及，也至為深遠。

除此之外，數不清的民間藝術品、工藝美術品，如剪紙、皮影、瓷器、刺繡、木刻、竹雕、屏風、裝飾品等，也有著豐富的戲劇內容，這類作品飽沾民間藝人對戲劇的熱愛，而且與人們日常生活緊密的融匯在一起，使人耳濡目染，刻骨銘心。

以上所說的這幾類傳媒在傳播戲劇方面，可謂其功偉矣！清代政府歷次嚴屬施行的禁書、禁戲政策，查封禁燬的傳奇、話本、戲劇、唱本無計其數，使許多劇目棄之溝壑，蕩然無存。不少有關禁戲內容的書籍插圖、戲齣圖畫也在劫難逃、銷毀殆盡。但是，在有心人的呵護之下，仍有許多珍版書籍、戲齣年畫、老照片和民間工藝美術品保存了下來。

筆者編輯《禁戲圖存》，首先要搜集和明確清代的「禁戲」劇目，這是一件很不容易的事情。老一代學者如袁寒雲、周志輔、齊如山、王大錯、張次溪、吳梅諸公和近代學者周貽白、傅惜華、王芷章、張大夏、蘇少卿、吳曉鈴、王利器、丁淑梅、丁汝芹諸先生，他們從前代的史書文獻、政府政令、地方志書、鄉約社守、家規族訓及晚清報章筆記、軼聞雜說中得來的資料，各有研究著述。攏在一起、集腋成裘，勾劃出清代禁戲劇目的基本輪廓。但是畢竟資料有限，很難做到徹底全面，百無一漏。另外，前代的奇傳、小說中的故事多是後代戲劇的原形，後代被禁的戲目又多與前代禁書有著關聯，二者很難準確切割。加之，清季民間劇種繁多、劇名繁雜，一劇多名、司空見慣；劇中人名、情節亦多濫用，往往移花接木，節外生枝，衍生新戲，也不勝枚舉。因此，本《圖錄》僅以個人所知所聞酌定，其中有不少存疑、孤證，還有待詳考，僅供方家參考。

一，根據《中國戲曲志》編輯委員會編《中國戲曲志》附錄歷代政府戲曲管理的史料；丁淑梅著《清代禁燬戲曲史料編年》和筆者著《禁戲》等書所輯清代禁戲劇目：

《萬金記》、《鈞天樂》、《表忠記》、《西廂記》、《紅梅記》、《桃花記》、《玉簪記》、《綠袍記》、《三元記》、《長生殿》、《牡丹亭》、《漁家哭》、《後白兔》、《翻千金》、《如是觀》、《牡丹亭》、《浣紗》、《竊符》、《投筆》、《繡襦記》、《還魂記》、《桃笑記》、《乾坤鞘》、《全家福》、《紅門寺》、《金雀記》、《鳴鳳記》、《千金記》、《種玉記》、《草地》、《拜金》、《筆歌》、《滾樓》、《鐵蓮花》、《香聯串》、《銷金帳》、《賣胭脂》、《桂花亭》、《鎖雲囊》、《鐵弓緣》、《桂花亭》、《葫蘆架》、《雙麒麟》、《烏金記》、《目連救母》、《琵琶記》、《西廂記》、《尋親記》、《目連戲》、《荔鏡傳》、《夢中緣》、《界牌關》、《潯陽江》、《跳牆》、《廟會》、《賣胭脂》、《桃花影》、《七美圖》、《八美圖》、《碧玉塔》、《碧玉獅》、《梧桐影》、《姣紅傳》、《鴛鴦影》、《桃花豔》、《載花船》、《反唐》、《鬧花叢》、《文武元》、《倭袍》、《摘錦倭袍》、《雙珠鳳》、《摘錦雙珠鳳》、《同拜月》、《綠牡丹》、《皮布袋》、《弁而釵》、《芙蓉洞》（即玉蜻蜓）、《唱金瓶梅》、《乾坤套》、《紫金環》、《八段錦》、《奇團圓》、《豈有此理》、《清風閘》、《更豈有此理》、《絲滌黨》、《何文秀》、《三笑姻緣》、《花燈樂》、《鳳點頭》、《怡情陣》、《兩交歡》、《一片情》、《同枕眠》、《巫夢緣》、《金石緣》、《燈月緣》、《錦繡衣》、《一夕緣》、《錦上花》、《一夕話》、《五美緣》、《月月環》、《萬惡緣》、《雲雨緣》、《天豹圖》、《夢月緣》、《天寶圖》、《邪觀緣》、《蒲蘆岸》、《七義圖》、《何必西廂》、《姣紅傳》、《七美圖》、《八美圖》、《紫金環》、《牡丹亭》、《載花船》、《鬧花叢》、《倭袍》、《摘錦倭袍》、《同拜月》、《皮布袋》、《弁而釵》、《奇團圓》、《清風閘》、《八段錦》、《文武元》、《雙珠鳳》、《摘錦雙珠鳳》、《綠牡丹》、《芙蓉洞》（即《玉蜻蜓》）、《碧玉塔》、《碧玉獅》、《錦繡衣》、《乾坤套》、《豈有此理》、《換空箱》、《雙鳳奇緣》、《白蛇傳》、《荊釵記》、《逼宮》、《慘睹》、《借茶》、《裁衣》、《齋飯》、《晉陽宮》、《打櫻桃》、《瞎子捉姦》、《淤泥河》、《換妻》、《大紅袍》、《賣胭脂》、《挑簾裁衣》、《茶坊比武》、《來唱》、《下山》、《翠屏山》、《海潮珠》、《晉陽宮》、《梵王宮》、《關王廟》、《巧姻緣》、《瞎子捉姦》、《雙釘記》、《雙搖會》、《截尼姑》、《五福堂》、《洞賓三戲白牡丹》、《來唱》、《送灰面》、《翠屏山》、《雙釘記》、《巧姻緣》、《雙望郎》、《拔蘭花》、《殺子報》、《仍還報》、《冤還報》、《孽緣報》、《善惡報》）、《瞎子算命》、《打齋飯》、《百花》、《雙沙河》、《殺皮》（即《萬安情》）、《贈劍投江》、《巧洞房》、《崔子殺妻》、《青紗帳》、《錯殺奸》、《小上墳》、《月中情》、《金鐲記》、《火燒第一樓》、《水火報》、《大鬧天津府》、《大鬧杭州府》、《大鬧嘉興》、《萬法掃北》、《八蜡廟》、《趙家樓》、《青楓嶺》、

《潯陽山》、《武十回》、《三上弔》、《綠牡丹》、《鴛鴦樓》、《殺嫂》、《刺媳》、《盜甲》、《劫獄》、《蕩湖船》、《明末遺恨》,(《鐵冠圖》)、《大別妻》、《打齋飯》、《來唱》、《巧洞房》、《割髮代首》等，以及裝孔子及關羽諸戲。

　　此外，清季收繳銷毀了數不清的小本「淫詞唱片」，其中，不少曲目已發展成民間小戲，如《拷紅》、《妙常操琴》、《拾玉鐲》、《送花樓會》、《志誠嫖院》、《王大娘補缸》、《文必正樓會》、《寶蟾送酒》、《小尼姑下山》、《哭沉香》、《刺馬傳》、《王二姐思夫》、《摔鏡架》、《王小過年》、《王小趕腳》、《打親相罵》、《高粱地》、《清水河》、《小上墳》、《打麵缸》、《小妹子》、《大寡婦哭墳》、《高粱地》、《馬寡婦開店》等等，這些小戲亦在禁演、禁唱之列。

　　（以下文字所輯劇目與以上有相同或雷同者便不再複錄）

　　二，王利器在《元明清三代禁燬小說戲曲史料》一書談到，明代刊本的諸多戲曲傳奇、小說，在清代被列入禁燬或部分禁燬之列的為數可觀。其中，許多書籍在民間流傳極廣，書中的故事情節多被民間藝人編成戲曲，以不同劇名演於民間舞臺。如《水滸傳》、《金批三國》、《紅樓夢》、《金瓶梅》等這類大部頭書中的故事就演繹出《殺惜》、《殺嫂》、《殺山》、《打餅》、《戲叔》、《殺皮》、《刺嬸》、《小宴》、《撕扇》、《送酒》、《葡萄架》等無數所謂色情、兇殺戲。這些戲則多被清廷禁燬。僅擇錄部分有影響的禁書、禁戲名目如下：

　　《封神榜》、《平妖傳》、《隋唐》、《水滸傳》、《金批三國》、《紅樓夢》、《金瓶梅》、《倭袍》、《四聲猿》（包括《狂鼓吏漁陽三弄》《女狀元辭凰得鳳》）、《雙珠鳳》、《綠牡丹》、《弁而釵》、《拍案驚奇》、《玉蜻蜓》、《乾坤套》、《九美圖》、《空空幻》、《文武香球》、《蟫史》、《十美圖》、《五鳳吟》、《龍鳳金釵》、《二才子》、《百鳥圖》、《劉成美》、《綠野仙蹤》、《換空箱》、《一箭緣》、《真金扇》、《鸞鳳雙簫》、《探河源》、《四香緣》、《錦香亭》、《花間笑語》、《盤龍鐲》、《王秀球緣》、《雙玉燕》、《雙鳳奇緣》、《雙剪髮》、《百花臺》、《玉連環》、《巫山十二峰》、《萬花樓》、《金桂樓》、《鍾情傳》、《合歡圖》、《玉鴛鴦》、《白蛇傳》、《牡丹亭還魂記》、《繡襦記》、《丹桂記》、《西樓記》等。

　　三，王芷章《中國戲曲漫談》（中國戲曲學院資料室藏油印本）中亦談到，清代禁燬書籍中有很多明代的戲劇故事、傳奇，其中不少故事被民間藝人編成戲曲搬演，亦成為禁戲：

　　《槐陰記》（即《董永遇仙記》或《雙麒麟》）、《琴心記》（即《琴挑》）、《嬌紅記》、《白蛇記》、《灌園記》（即《秋翁遇仙》）、《玉玦記》、《紅葉記》、

《題紅記》（即《宮牆流紅》或《紅葉題詩》）、《包龍圖斷歪烏盆傳》（即《烏盆計》）、《紅梨記》、《梁山伯祝英臺》、《僧尼會》等。

四，周志輔著《几禮居雜著拾遺》（加拿大溫哥華華人圖書館藏手寫複印本一冊，係其女兒捐贈）中提到他所見過的一些明、清刊本戲劇傳奇的書目，如明刊《繡像傳奇十種》、《一笠庵四種曲》、《錦曲大全》、《大雅堂雜劇》等等。這些叢書和一些單本傳奇曾遭清代禁燬。（但文中所談泛泛，並無明確依據。）現擇錄如下：

《繡像傳奇十種》（含《荷花蕩》、《鳳求凰》、《喜逢春》、《長命縷》、《四大癡》、《鴛鴦棒》等）、《一笠庵四種曲》（含《人獸關》、《永團圓》、《佔花魁》、《三報恩》）、《石點頭》、《小青娘》、《一捧雪傳奇》、《錦曲大全》（含《和尚弄尼姑》即《思凡下山僧尼會》）、《大雅堂雜劇》（含《五湖記》、《高唐記》即《雲雨巫山》）、《吳騷集》、《鸚鵡記》、《還帶記》（即《裴度還帶》）、《玉玦記》、《投桃記》（即《投桃報李》）等等。

五，賴詠先生編《明清善本禁燬小說大系》所收篇目均為明、清禁燬小說中極具代表性的作品，其中，以世情小說和才子佳人的故事為主，不少故事情節曾被民間班社搬演於舞臺，少不得雜以色情荒唐的表演，而被列入禁戲。

《隋煬帝豔史》（含《問病逼宮》）、《醋葫蘆》（即《醋海波瀾》）、《空空幻》、《國色天香》、《歡喜冤家》（即《巧姻緣》）、《風月鑒》、《玉嬌梨》、《十二樓》、《玉樓春》、《兩交婚》、《生花夢》、《玉蟾記》、《飛花豔想》、《肉蒲團》等等。

六，丁汝芹著《清代內廷演戲史話》（紫禁城出版社1999年版）提到：清宮演戲劇目大致分為應節戲、萬壽戲、喜慶戲、傳奇戲、外邦朝拜戲和宮本大戲、玩笑戲、民間雜劇等等。劇本多出於翰林院之手，為宮中專有劇目，只限宮內搬演，不得外傳，民間班社更不得濫演，否則罪為潛越。晚清時節，宮外藝人要想把個別劇目移到宮外搬演，是要得到內廷特別恩准方可（見王瑤卿《請宮演戲點滴》）。因此，對民間來說宮中劇目無異禁戲一般。如下擇錄部分宮本劇目：

連本大戲《勸善金科》（即《目蓮救母》）、《升平寶筏》、《鼎峙春秋》（即《三國演義》）、《昭代簫韶》（即《楊家將》）、《忠義璇圖》（即《水滸傳》）、《鋒劍春秋》（即《隋唐演義》）、《封神天榜》（即《封神榜》）、《楚漢春秋》、《闡道除邪》、《征西異傳》、《鐵騎陣》、《佛旨度魔》、《興唐傳》、《天獻太平》、《天花集福》、《壽祝萬年》、《玉女獻盆》、《古蹟崗》、《神虎報》、單本戲《賈家樓》、

《喬打扮》、《思凡》、《小妹子》、《玉堂春》、《界牌關》、《西遊記》、《混元盒》、《盤絲洞》、《蝴蝶夢》、《普天樂》（即《鍘判官》）、《花鼓》、《逢人說拐》、《懶婦燒鍋》、《鐵公雞》、《八大拿》（即《八蠟廟》、《鄭州廟》、《薛家窩》、《殷家堡》、《河間府》、《東昌府》、《霸王莊》、《落馬湖》）等。

七，田淞《【京劇彙編】工作拾遺》（手寫日誌殘篇）記載：1956 年，傅惜華、吳曉鈴、阿英等人曾將數十部珍藏明刊本戲劇傳奇，借給編輯部整理舊劇參用。田淞先生《日誌》中有手抄《目錄》一份，其中有前代禁書、禁戲名目如下（可參看傅惜華著《明清傳奇提要》一書）：

明萬曆博古堂刊《元曲選》（含《錢大尹智寵謝天香》、《調素琴王生寫恨》、《杜蕊娘智賞金線池》、《淮河渡波浪石尤風》）、明萬曆顧曲齋刻《古雜劇》（內含《望江亭》、《對玉梳》、《香囊記》等）、《李丹記》、《筆花樓新聲》、《一見賞心》、明萬曆刊《瓶笙館修簫譜》、《紅樹夢蔭》，明萬曆刊本《鴛鴦縧傳奇》、《怡春錦》、《弁而釵》、《寫風情》、《雙鶯傳》、《風流冢》、《不了緣》等。

八，王大錯《戲考》（UBC 大學亞洲圖書館藏 1932 年中華圖書館印行）劇評中談及、《三殺》、《三小》、《三打》諸劇在清末屢遭地方禁止：

《三殺》（即《殺惜》、《殺嫂》、《殺山》）；《三小》（即《小上墳》、《小放牛》、《小登科》）；《三打》（即《打花鼓》、《打麵缸》、《打沙鍋》）；《三雙》（即《雙沙河》、《雙背櫈》、《雙別窯》）及《十二紅》、《蝴蝶夢》、《五更天》等等。

九，胡沙《評劇簡史》（中國戲劇出版社出 1960 年版）稱：自評劇在光緒末年誕生之初，它的很多劇目、屢遭地方禁演，如：

《花為媒》、《通州奇案》（即《油罈記》《殺子報》）、《王少安趕船》、《王定保借當》、《珍珠汗衫》、《獨佔花魁》、《黃氏女遊陰》、《大劈棺》、《馬寡婦開店》、《槍斃小老媽》、《槍斃駝龍》等。

綜上所述，係筆者集錄的一些清代曾遭禁止的戲劇（或禁書）不足全貌，相信日後會有更多的發現。

本書所輯《清代禁戲圖存》由四個部分組成。

第一部分，為歷代珍本中的木版插圖；擇取內容為清代禁燬的戲曲、傳奇、話本、唱本中的劇目。

第二部分，則是本人蒐集到的部分手繪《清宮戲畫》、《綴玉軒珍藏戲畫》和清代末年英美煙草公司出品的石印香煙畫片等。從中擇取嚴禁民間搬演的部分宮本大戲和部分民間禁演的劇目。

第三部分，為清季民間刊行的、曾被政府明令禁演（包括傍及）劇目的木版年畫。

全書擬錄入單色、彩色圖畫約計六百餘幅。

在搜集這些《圖存》的過程中，筆者得到加拿大 UBC 大學亞洲圖書館副館長劉靜女士的大力幫助，她將該館珍藏的珍本、善本圖書，以及傅惜華、吳曉鈴珍藏戲劇史料的影印件全部取出，供筆者選擇拍照。有些善本插圖十分珍貴，儘管對其「曾在清代遭到禁燬」的論斷尚為孤證或有爭議，筆者亦不忍割捨，特在前文簡單說明依據，將插圖錄入存案，以備日後方家細考。

我的師友出版家、臺灣漢聲出版社總編輯黃永松先生知道我正在搜求禁戲史料，遂將他的精心之作——《戲齣年畫》慷慨寄送。本人亦從自己收藏的清代末年國內外出版的香煙畫片中，選出部分精華編入。草成這部《圖存》，可以為清代「禁戲」的進一步研究，提供必要的佐證。

民間工藝美術品資料相對好尋一些，其中具有代表性的剪紙、皮影、刺繡、木雕等作品存世尚多，據於篇幅所限，本書便不一一輯入。

當然，因筆者的視野所限，所編《圖存》必有許多不足和疏漏，深望專家、同好予以教正和補充。

作者　寫於溫哥華寓中 2022 年 10 月 24 日

第一部分　清及清前古籍木版插圖

宣德（1398～1435）

1.《新編校正西廂記》元末明初刊本

2.《新編金童玉女嬌紅記》_{明宣德金陵樂安積德堂刊本}

2.《新編金童玉女嬌紅記》明宣德金陵樂安積德堂刊本

3.《新編金童玉女嬌紅記》明宣德金陵樂安積德堂刊本

成化（1464～1487）

4.《新刊說唱包龍圖斷歪烏盆傳》明成化年間永順書堂刊本

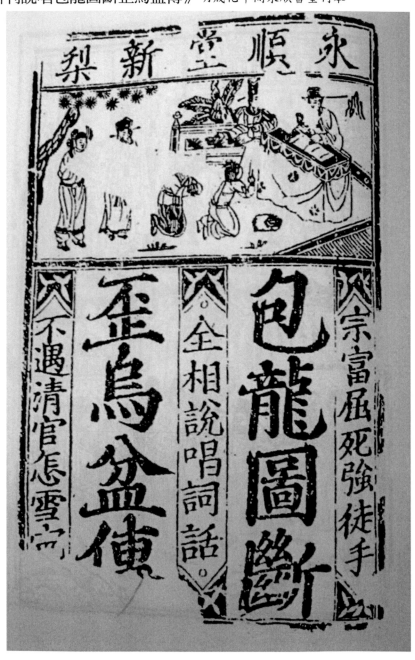

5.《新刊說唱包龍圖斷歪烏盆傳》明成化年間永順書堂刊本

弘治（1487～1505）

6.《新刊大字魁本西廂記》 明弘治京師岳家刊本

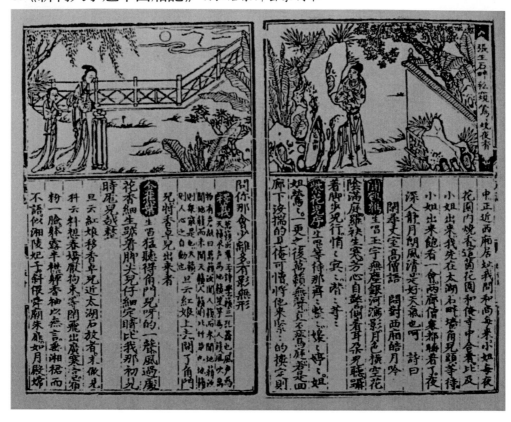

7.《新刊大字魁本西廂記》明弘治京師岳家刊本

8.《西廂記》明弘治刊本

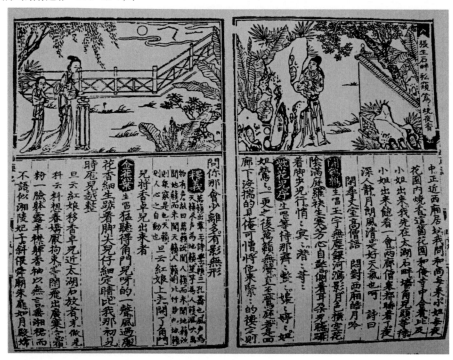

9.《西廂記》明弘治刊本

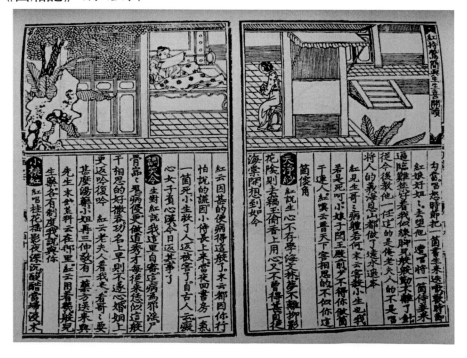

10.《呂洞賓三戲牡丹》明弘治刊《東遊記》本

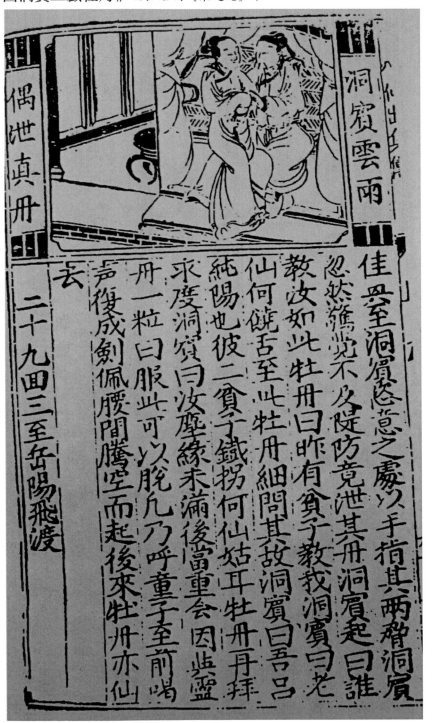

嘉靖（1521～1566）

11.《董西廂》明嘉靖楊慎注刊本

12.《董西廂》明嘉靖楊慎注刊本

隆慶（1566～1572）

13.《西廂記雜錄》 明隆慶蘇州刊本

14.《金瓶梅》南明隆慶刊本

15.《拍案驚奇》南明隆慶刊本

奉風情拴婦捎輕

16.《拍案驚奇》南明隆慶刊本

17.《拍案驚奇》南明隆慶刊本

萬曆（1572～1620）

18.《重鍥出像音釋西廂評林大全》 明萬曆春山堂刻本

19.《重鍥出像音釋西廂評林大全》 明萬曆春山堂刻本

20.《和尚弄尼姑》明萬曆刊本《新刻增補戲隊錦曲大全》

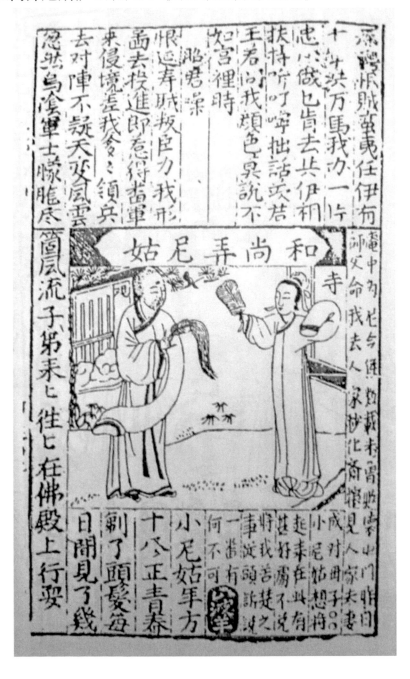

21.《重刻元本題評音釋西廂記》 明萬曆閩建書林喬山堂刻本

22.《重刻元本題評音釋西廂記》明萬曆閩建書林喬山堂刻本

23.《重刻元本題評音釋西廂記》 明萬曆閩建書林喬山堂刻本

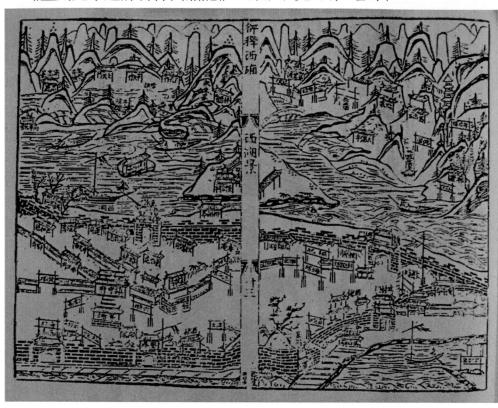

24.《槐陰記》明萬曆閩建書林刊本《新鍥天下時尚南北新調堯天樂》

25.《紅梨花記》明萬曆閩建書林刊本

26.《紅梨花記》明萬曆閩建書林刊本

27.《新刻出像音注司馬相如琴心記》明萬曆金陵富春堂刊本

28.《新刻出像音注司馬相如琴心記》明萬曆金陵富春堂刊本

29.《新刻出像音注白蛇記》明萬曆金陵富春堂刊本

30.《新刻出像灌園記》明萬曆金陵富春堂刊本

31.《新刻出像音注蘇英皇后鸚鵡記》明萬曆金陵富春堂刊本

32.《玉玦記》明萬曆金陵富春堂刊本

33.《紫簫記》明萬曆金陵富春堂刊本

34.《三桂聯芳記》明萬曆金陵富春堂刊本

35.《拜月亭記》明萬曆金陵世德堂刊本

36.《拜月亭記》明萬曆金陵世德堂刊本

37.《裴度還帶記》明萬曆金陵世德堂刊本

38.《南西廂記》明萬曆金陵世德堂刊本

39.《南西廂記》明萬曆金陵世德堂刊本

40.《易鞋記》 明萬曆金陵世德堂刊本

41.《紅拂記》 明萬曆金陵陳氏繼志齋刊本

42.《玉簪記》明萬曆金陵陳氏繼志齋刊本

43.《紅蕖記》明萬曆金陵陳氏繼志齋刊本

44.《紅蕖記》明萬曆金陵陳氏繼志齋刊本

45.《題紅記》明萬曆金陵陳氏繼志齋刊本

46.《題紅記》明萬曆金陵陳氏繼志齋刊本

47.《北西廂記》明萬曆金陵陳氏繼志齋刊本

48.《北西廂記》明萬曆金陵陳氏繼志齋刊本

49.《北西廂記》明萬曆金陵文林閣刊本

50.《董解元西廂記》明萬曆金陵書肆刊本

51.《元本出像西廂記》明萬曆玩虎軒刊本

52.《元本出像西廂記》明萬曆玩虎軒刊本

53.《玉簪記》明萬曆徽州觀化軒刊本

54.《玉簪記》明萬曆徽州觀化軒刊本

55.《五湖記》明萬曆汪氏大雅堂刊《大雅堂雜劇》本

56.《高唐記》明萬曆汪氏大雅堂刊《大雅堂雜劇》本

57.《玉玦記》明萬曆書肆刊本

58.《京兆記》明萬曆汪氏大雅堂刻《大雅堂》本

59.《玉玦記》明萬曆書肆刻本

60.《投桃記》明萬曆汪氏環翠堂刊本

61.《投桃記》明萬曆汪氏環翠堂刊本

62.《投桃記》明萬曆汪氏環翠堂刊本

63.《西廂記》明萬曆汪氏環翠堂刊本

64.《西廂記》明萬曆汪氏環翠堂刊本

65.《錢大尹智寵謝天香》明萬曆博古堂刊《元曲選》本

66.《調素琴王生寫恨》 明萬曆博古堂刊《元曲選》本

67.《杜蕊娘智賞金線池》 明萬曆博古堂刊《元曲選》本

68.《淮河渡波浪石尤風》明萬曆博古堂刊《元曲選》本

69.《北西廂記》明萬曆武林起鳳館刊本

70.《北西廂記》明萬曆武林起鳳館刊本

71.《北西廂記》明萬曆武林起鳳館刊本

72.《北西廂記》明萬曆武林起鳳館刊本

73.《吳騷集》明萬曆武林張琦刊本

74.《吳騷集》明萬曆武林張琦刊本

75.《吳騷集》明萬曆武林張琦刊本

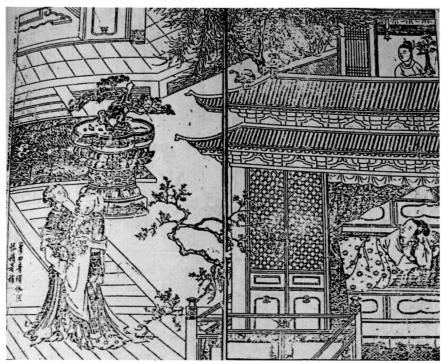

76.《吳騷集》明萬曆武林張琦刊本

77.《寂寞煞傳處白雁飛》 明萬曆刊本《樂府先春》

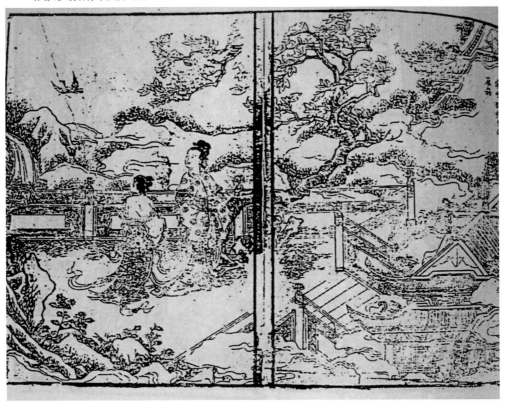

78.《古本西廂記》明萬曆香雪居刊本

79.《古本西廂記》 明萬曆香雪居刊本

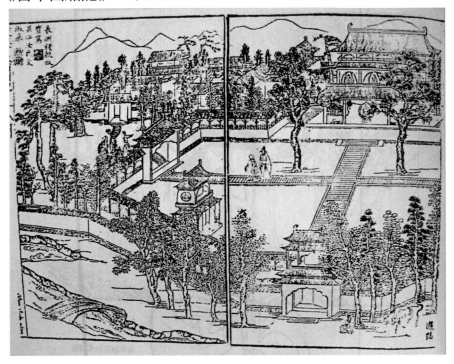

80.《古本西廂記》 明萬曆香雪居刊本

81.《櫻桃夢》明萬曆海昌陳氏自刻本

82.《櫻桃夢》明萬曆海昌陳氏自刻本

83.《麒麟罽》 張四維撰明萬曆海昌陳氏刻本

84.《鸚鵡洲》陳與郊撰明萬曆海昌陳氏刻本

85.《鸚鵡洲》陳與郊撰明萬曆海昌陳氏刻本

86.《畫意西廂記》 王德信撰明萬曆書肆刊本

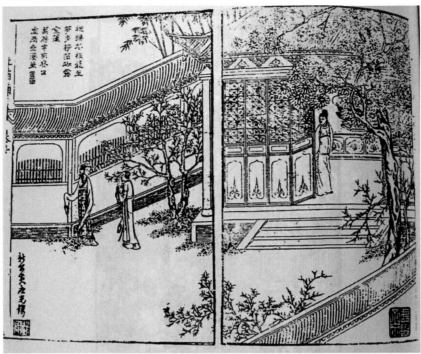

87.《畫意西廂記》 王德信撰明萬曆書肆刊本

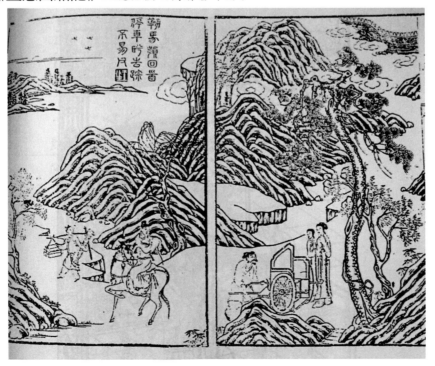

88.《牡丹亭還魂記》明萬曆七峰草堂刊本

89.《西廂記》明萬曆書肆刊本

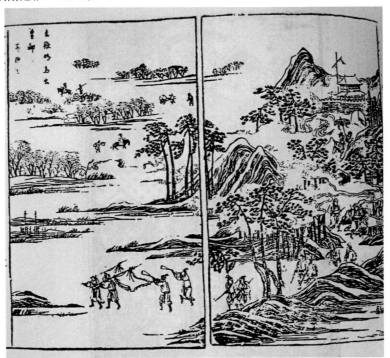

90.《西廂記》明萬曆書肆刊本

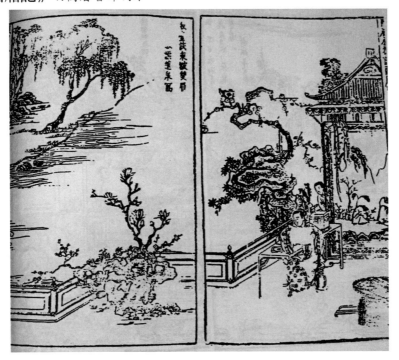

91.《西廂記》明萬曆書肆刊本

92.《繡襦記》明萬曆師儉堂刊本

93.《繡襦記》明萬曆師儉堂刊本

94.《丹桂記》明萬曆寶珠堂刊本

95.《丹桂記》明萬曆寶珠堂刊本

96.《西樓記》明萬曆書肆刊本

97.《望江亭》明萬曆顧曲齋刻《古雜劇》本

98.《對玉梳》明萬曆顧曲齋刻《古雜劇》本

99.《西廂記》 明萬曆刊本《元朝戲曲葉子》

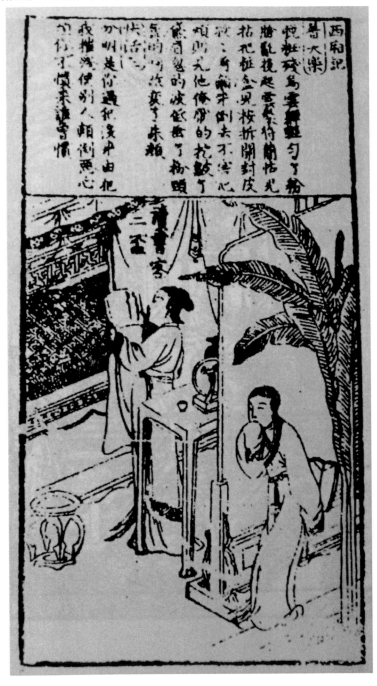

100.《狂鼓吏漁陽三弄》明萬曆錢塘鍾氏刊本《四聲猿》

101.《女狀元辭凰得鳳》明萬曆錢塘鍾氏刊本《四聲猿》

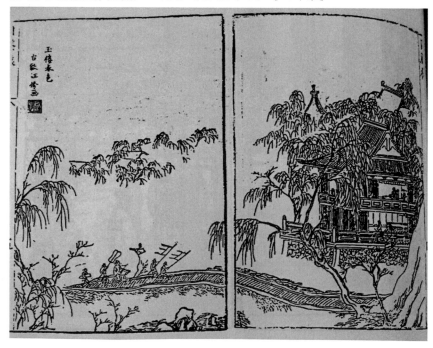

102.《崑崙奴雜劇》明萬曆書肆刊本

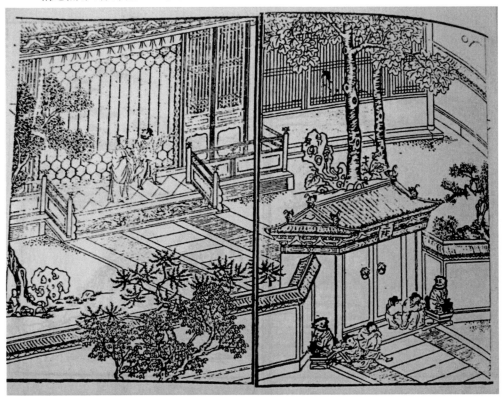

103.《紅梨記》 明萬曆范律之校刊本

104.《紅梨記》明萬曆范律之校刊本

105.《香囊記》明萬曆刊本

106.《幽閨記》明萬曆武林容與堂刊本

107.《幽閨記》明萬曆武林容與堂刊本

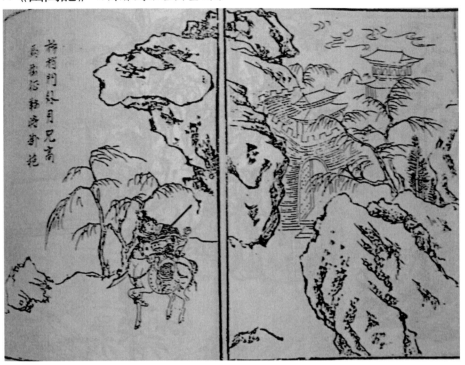

108.《幽閨記》明萬曆武林容與堂刊本

109.《紅拂記》明萬曆武林容與堂刊本

110.《紅拂記》明萬曆武林容與堂刊本

111.《西廂記》明萬曆武林容與堂刊本

112.《西廂記》明萬曆武林容與堂刊本

113.《玉簪記》明萬曆刊本

114.《玉合記》明萬曆武林容與堂刊本

115.《玉合記》明萬曆武林容與堂刊本

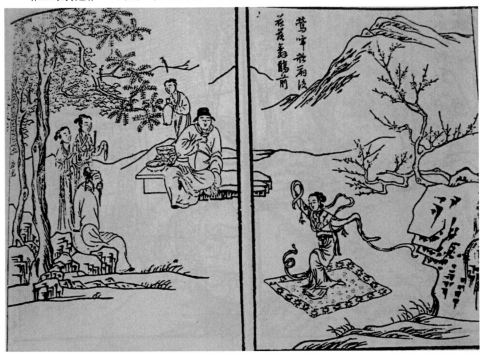

116.《玉合記》明萬曆武林容與堂刊本

117.《牡丹亭記》明萬曆刊本

118.《牡丹亭記》明萬曆刊本

119.《李丹記》明萬曆四明大雅堂刊本

120.《李丹記》明萬曆四明大雅堂刊本

121.《李丹記》 _{明萬曆四明大雅堂刊本}

122.《筆花樓新聲》明萬曆蘇州刊本

123.《筆花樓新聲》 明萬曆蘇州刊本

124.《筆花樓新聲》 明萬曆蘇州刊本

125.《筆花樓新聲》 明萬曆蘇州刊本

126.《西樓夢》明萬曆郭卓然刻本

127.《梁山伯祝英臺》 明萬曆刊《滿天春》本

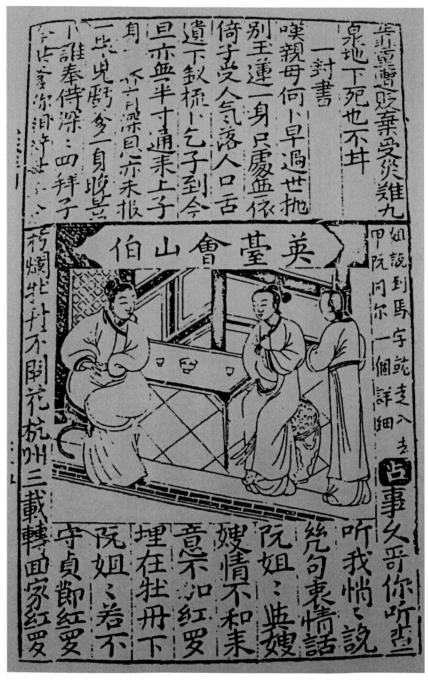

128.《玉谷調簧》明萬曆書林廷禮梓行刊本

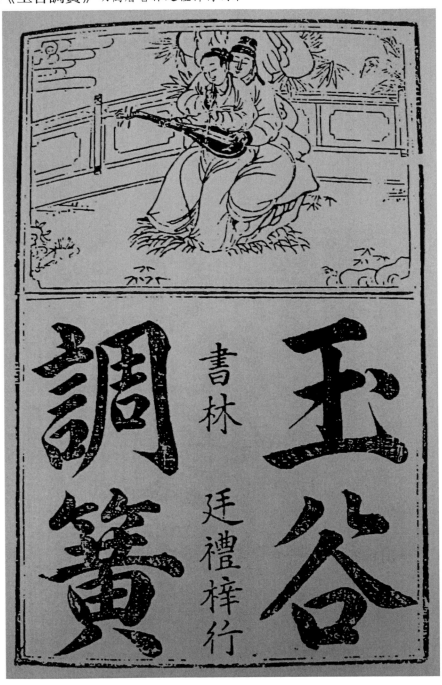

129.《摘錦奇音》 明萬曆刊本

130.《白兔計》明萬曆刊《詞林一枝》本

131.《海剛鋒先生居官公案》明萬曆金陵萬卷樓刊本

132.《重校玉簪記》明萬曆金陵陳氏繼志齋刊本

133.《黃粱夢境記》明萬曆金陵陳氏繼志齋刊本

134.《芳心蝶亂》明萬曆金陵陳氏繼志齋刊本

135.《芳心蝶亂》明萬曆金陵陳氏繼志齋刊本

136.《月露音》明萬曆靜常齋刊本

137.《月露音》明萬曆靜常齋刊本

138.《月露音》明萬曆靜常齋刊本

139.《月露音》明萬曆靜常齋刊本

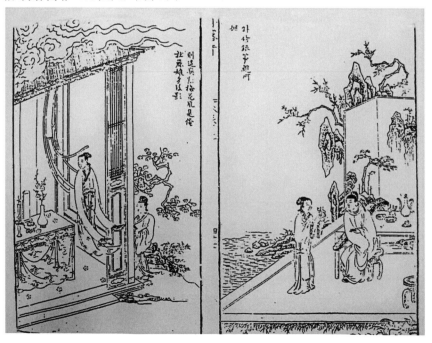

140.《筆花樓》明萬曆蘇州刊本

141.《欣賞篇》明萬曆刊本

142.《破窯記》明萬曆書肆刊本

143.《破窯記》明萬曆書肆刊本

144.《全像西廂記》 明萬曆金陵唐振吾刊本

145.《全像八義雙杯記》明萬曆金陵唐振吾刊本

146.《北西廂記》明萬曆何璧刊本

泰昌（1620～1620）

147.《紅梨記》明泰昌元年吳興套色刊本

148.《紅梨記》明泰昌元年吳興套色刊本

他那裡載將愁

悶征車上

我這裡拾浮淒

凉逝水舟

天啟（1620～1627）

149.《西廂五劇》明天啟吳興凌氏套色刊本

150.《西廂五劇》明天啟吳興凌氏套色刊本

151.《西廂五劇》明天啟吳興凌氏套色刊本

152.《西廂五劇》明天啟吳興凌氏套色刊本

153.《南音三籟》 明天啟吳興凌氏套色刊本

154.《繡襦記》明天啟吳興凌氏套色刊本

155.《繡襦記》 明天啟吳興凌氏套色刊本

156.《董西廂》明天啟吳興閔氏套色刊本

157.《董西廂》^{明天啟吳興閔氏套色刊本}

158.《牡丹亭記》明天啟吳興閔氏套色刊本

159.《西廂記》明天啟吳興閔氏套色《千秋絕豔》刊本

160.《西廂記》明天啟吳興閔氏套色《千秋絕豔》刊本

161.《西廂記》明天啟吳興閔氏套色《千秋絕豔》刊本

162.《西廂記》明天啟吳興閔氏套色《千秋絕豔》刊本

163.《明珠記》明天啟閩齋倣朱墨套印本

164.《明珠記》明天啟閔齊伋朱墨套印本

165.《梅雪爭奇》明天啟建安萃慶堂刊本

166.《梅雪爭奇》明天啟建安萃慶堂刊本

167.《花鳥爭奇》明天啟清白堂刊本

168.《灑灑篇》明天啟劉素明本

169.《西廂記》徐月峰評本明天啟金陵刊本

170.《西廂記》徐月峰評本明天啟金陵刊本

171.《西廂記》徐月峰評本明天啓金陵刊本

172.《詞壇清玩西廂記》明天啟金陵刊本

173.《詞壇清玩西廂記》明天啟金陵刊本

174.《詞壇清玩西廂記》明天啟金陵刊本

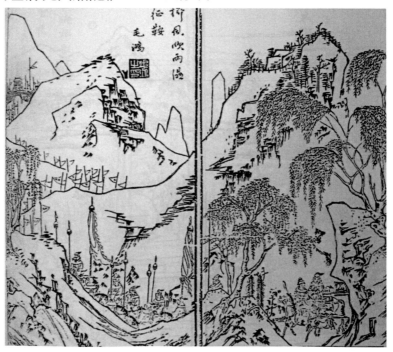

175.《詞壇清玩西廂記》明天啟金陵刊本

176.《彩筆情詞》明天啟武林刊本

177.《彩筆情詞》 明天啟武林刊本

178.《彩筆情詞》 明天啟武林刊本

179.《挑燈劇》明天啟武林刊本

180.《碧紗劇》明天啟武林刊本

181.《異夢記》^{明天啟武林刊本}

181.《異夢記》明天啟武林刊本

182.《異夢記》明天啟武林刊本

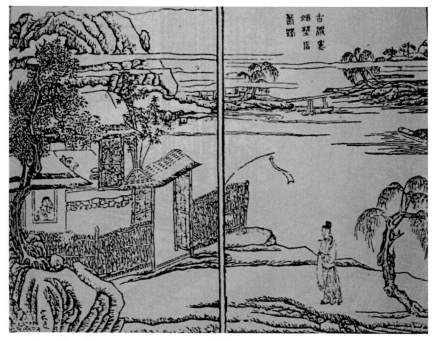

183.《王季重評牡丹亭》明天啟刊本

184.《王季重評牡丹亭》明天啟刊本

185.《紅梨記》 明天啟刊《萬壑清音》本

186.《題塔記》 明天啟刊《萬壑清音》本

187.《私情》明天啟刊《太霞新奏》本

崇禎（1627～1644）

188.《天馬媒》明崇禎刊本

189.《北西廂記原本》明崇禎金陵匯錦堂刊本

190.《北西廂記原本》明崇禎金陵匯錦堂刊本

191.《青樓韻語》明崇禎武林張氏刻本

192.《竇娥冤》明崇禎山陰孟氏刻《古今名劇合選》本

193.《紅線盜盒》明崇禎山陰孟氏刻《古今名劇合選》本

194.《杜蕊娘智賞金線池》明崇禎山陰孟氏刻《古今名劇合選》本

195.《惠禪師三度小桃紅》明崇禎山陰孟氏刻《古今名劇合選》本

196.《鴛鴦縧》明崇禎書肆刊本

197.《鴛鴦縧》明崇禎書肆刊本

198.《鴛鴦冢嬌紅記》明崇禎刊本

199.《鴛鴦冢嬌紅記》明崇禎刊本

200.《春波影》明崇禎刊《盛明雜劇》本

201.《蘇門嘯》明崇禎敲月齋刊本

202.《蘇門嘯》明崇禎敲月齋刊本

203.《蘇門嘯》明崇禎敲月齋刊本

204.《秘本北西廂》明崇禎陳洪綬繪刊本

205.《秘本北西廂》明崇禎陳洪綬繪刊本

206.《秘本北西廂》明崇禎陳洪綬繪刊本

207.《北西廂記》明崇禎陳洪綬繪山陰李正謨刊本

208.《北西廂記》明崇禎陳洪綬繪山陰李正謨刊本

209.《北西廂記》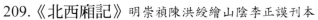明崇禎陳洪綬繪山陰李正謨刊本

210.《四聲猿》明崇禎水月居刊本

211.《四聲猿》明崇禎水月居刊本

212.《怡春錦》<small>明崇禎武林刊本</small>

213.《怡春錦》 明崇禎武林刊本

214.《怡春錦》明崇禎武林刊本

215.《燕子箋》明崇禎武林刊本

216.《燕子箋》明崇禎武林刊本

217.《燕子箋》明崇禎武林刊本

218.《燕子箋》明崇禎武林刊本

219.《燕子箋》明崇禎武林刊本

220.《詩賦盟》明崇禎項南洲刻本

221.《詩賦盟》 明崇禎項南洲刻本

222.《鬱輪袍》明崇禎刊本

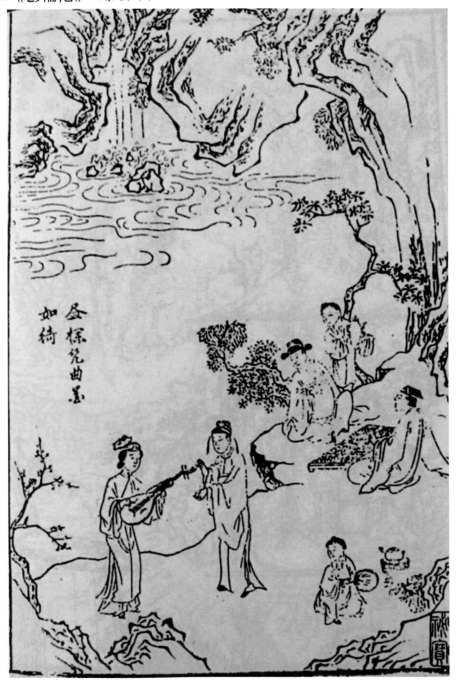

223.《鬱輪袍》明崇禎刊本

224.《靈犀錦》明崇禎刊《白雪齋五種曲》本

225.《金鈿盒》 明崇禎刊本

226.《金鈿盒》明崇禎刊本

227.《明月環》明崇禎刊《白雪齋五種曲》本

228.《李卓吾評西廂記》明崇禎武林刊本

229.《李卓吾評西廂記》 明崇禎武林刊本

230.《水滸全傳》明崇禎刊本

231.《情郵記》 明崇禎刊本

232.《情郵記》明崇禎刊本

233.《情郵記》明崇禎刊本

234.《金瓶梅》明崇禎刊本

235.《金瓶梅》明崇禎刊本

236.《金瓶梅》_{明崇禎刊本}

237.《金瓶梅》明崇禎刊本

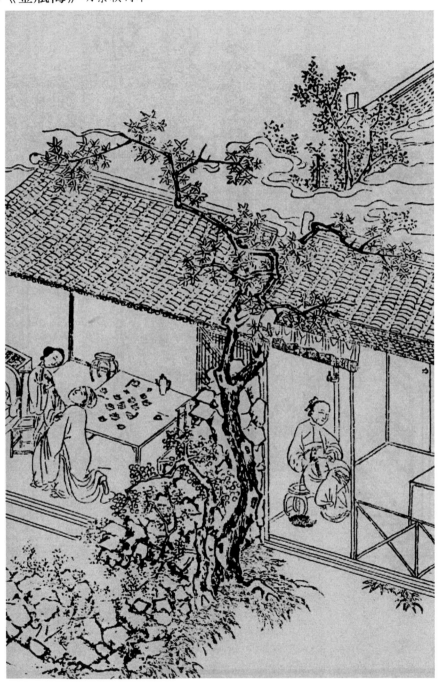

238.《型世言》明崇禎刊本

239.《弁而釵》明崇禎筆耕山房刊本

240.《弁而釵》明崇禎筆耕山房刊本

241.《明月環》_{明崇禎刊本}

241.《明月環》明崇禎刊本

242.《金鈿盒》明崇禎白雪齋刊本

243.《金鈿盒》明崇禎白雪齋刊本

244.《一捧雪傳奇》明末《一笠庵四種曲》刊本

245.《一捧雪傳奇》明末《一笠庵四種曲》刊本

246.《人獸關傳奇》明末《一笠庵四種曲》刊本

247.《人獸關傳奇》明末《一笠庵四種曲》刊本

248.《人獸關傳奇》明末《一笠庵四種曲》刊本

249.《永團圓傳奇》明末《一笠庵四種曲》刊本

250.《占花魁傳奇》明末《一笠庵四種曲》刊本

251.《占花魁傳奇》明末《一笠庵四種曲》刊本

252.《三報恩傳奇》明末《一笠庵四種曲》刊本

253.《三報恩傳奇》明末《一笠庵四種曲》刊本

254.《唾紅記》 明末刊本